快乐活动　年年不同

——小学班级特色活动案例

主　编　张静慧
副主编　刘丹妮

天津大学出版社
TIANJIN UNIVERSITY PRESS

图书在版编目(CIP)数据

快乐活动 年年不同：小学班级特色活动案例 / 张静慧主编. -- 天津：天津大学出版社, 2021.6
ISBN 978-7-5618-6967-3

Ⅰ. ①快… Ⅱ. ①张… Ⅲ. ①活动课程－课程设计－小学 Ⅳ. ①G622.3

中国版本图书馆CIP数据核字(2021)第110931号

KUAILE HUODONG NIANNIAN BUTONG——XIAOXUE BANJI TESE HUODONG ANLI

出版发行 天津大学出版社
地 址 天津市卫津路92号天津大学内(邮编:300072)
电 话 发行部:022-27403647
网 址 www.tjupress.com.cn
印 刷 北京盛通商印快线网络科技有限公司
经 销 全国各地新华书店
开 本 169mm×239mm
印 张 10.5
字 数 220千
版 次 2021年6月第1版
印 次 2021年6月第1次
定 价 42.00元

《快乐活动　年年不同》编委会

主　编　张静慧

副主编　刘丹妮

编　委　常月梅　陈菲凤　陈志燕　邓玉玲　国曼丽　何伟英
贺　洁　黄珏敏　黄　凝　李秀君　林梦雅　凌　峰
刘瑾秋　罗卓姬　骆秀燕　麦丽萍　曲立超　沈玉芳
王佳瑜　温桂勇　肖晓艺　徐苗佳　徐　英　许　恋
张银珠　周海利　周嘉玲　曾静媚　曾葵珍

序

2021 年 5 月 7 日，上午我结束了在玉律学校的现场研讨后，中午和玉律学校的老师们一起赶往下午开展现场研讨的学校。在路上，我一眼便看到路边一棵棵已经盛开的凤凰花，觉得特别兴奋。

我一直喜欢南方的凤凰花，花朵在蓝天的映衬下，鲜亮而不娇艳，纯粹而不单调，充满热情，充满感染力，充满生命感。在凤凰花开的季节，写下这本书的读后感，觉得很合适。

经历了七年持续的合作，玉律学校的班级建设研究和班主任成长实践，如同凤凰花一般，绽放出独特的美丽。

玉律学校的教育实践是有追求的。多年来，无论是校长还是教师，持续投入对“生命·实践”教育学派思想的学习与践行，保持着对价值取向的清晰认识和对教育思想的自觉。特别是对于班级建设和学生工作领域，这太难得了！相对于仅仅关注学生管理、明显忽视学生主动健康发展的学校，玉律学校的班主任团队和领导团队，有着对生命、对教育、对自我的不断思考和体悟，更在自己的实践中，体现和发展着“生命·实践”的教育学。

玉律学校的教育实践是有机综合的。在班级建设和学生工作领域，最常见的是散点式工作状态，最缺失的是对学生发展特征与成长需要的研究，最让人无奈的是明显缺乏有机性。但是，玉律学校经过七年的探索，并通过本书的出版，让更多的读者了解到玉律学校的班主任们对于不同年级学生发展问题的探索及形成的教育结构，感受到因为更有针对性而生发的教育力量，体悟到学校学生工作和班级建设的事理结构。有了这样的工作结构和思维方式，相信更多班主任和学生工作负责人能提高工作质量，实现教育的综合融通之美。

玉律学校的教育实践是体现人的力量，并持续成就人的过程。其中有多样的学生的自主性、创造性的学习，有每一位班主任的个性表达，也有通过研究制度的建立和研究文化的滋养，形成班主任群体发展和不断创新的状态。七年间，玉律学校从一所“城中村”学校逐渐发展壮大，在班级建设、学生工作领域树立了一系列品牌，并将工作转化为高品质的学生班级生活、学校生活。

面对“教育实践”的独特性，本人也对此充满敬佩，正是这样的教育实践，彰显了班主任工作的专业性和班主任能力的综合性，体现了班级建设在学生工作中所具备的丰富的育人价值。这样的教育实践不就充满着创生新思想、培育新团队、发展新文化的力量吗？

当我写下这些文字时，脑中会浮现出许多与玉律学校的每位班主任一起研讨、一起探索、一起创新的情境，会记起许多孩子们参与班会、投入校园活动的生动形象，甚至会回想起孩子们一边歌唱《你笑起来真好看》，一边翩翩起舞的场景……

而所有的这些教育场景、教育实践、教育思想，都真实、具体地存在于玉律学校的班级生活和校园生活中，其创造者就是学生、教师和家长们。同时也在启迪我们，在中国更多的学校和班级里，在中国的大地上，有着更多盛开的力量；学生、班主任、家长，都可以如凤凰花一般，绽放本属于自己的精彩。

李家成写于华东师范大学

2021 年 5 月 16 日

前言：立足成长需要，重建四季系列生活

学校立足于学生小学六年的成长需要，以四季轮回为主线，让学生和万物一起，在季节的变化中，在年级的递增中，去发现、去交互生长，这是符合自然规律和成长规律的。深圳市光明区玉律学校（以下简称玉律学校）在“新基础理念”的指导下进行了校园四季系列活动的重建，梳理总结了学生小学阶段六年中不同的快乐活动。

一、回顾：基于学生立场

学校主题活动是学生在校园生活中非常重要的组成部分，对学生、教师和学校的共生发展有着重要的价值。传统的学校主题活动可分三类：一类是社会性节日，如元旦、中秋节、六一儿童节、国庆节等；一类是学校自定节日，如艺术节、运动会、科技节等；还有一类是根据上级部门的要求开展的教育活动，如安全教育周、禁毒宣传日等。然而，在一次艺术节后，通过对五年级某班的 52 名学生的调查显示，12 人认为很喜欢主题活动（因为能上台表演，或者能不用上课在台下看表演），6 人认为参加主题活动很累（因为要排练节目），27 人认为主题活动很无聊（坐在台下很晒，不能走动，不能讲话），还有少部分人认为无所谓。在对班主任老师的访谈中，班主任老师也提到，要“应付”这些主题活动比较吃力。显然，这些传统的学校主题活动已经很难真正受学生喜爱和老师们欢迎了。回顾这些传统的学校主题活动，主要存在以下几点不足。

（1）活动育人目标单一、窄化。从指导思想以及活动的目标上看，每个主题活动对于某个方面德育的指向性太强，例如品德、爱国、习惯等单项目标，育人价值显得单薄，任何一个活动的育人价值都不是单一的，任何一个活动也不能对德育有立竿见影的效果，我们总强调不能用说教的方式“管理”学生，但也不能用“假活动”的方式对学生进行说教教育。

（2）活动开展脱离成长需要。很多时候活动都是上级“空降”给学校的，学校“空降”给班级，班主任老师又“空降”给学生。活动的主题是否符合学生真正的成长需要？是否涉及学生立场？另外，很多时候开展主题活动的目的在于获得外部追求评价，具有功利性。当学生立场变成外部评价立场，学生的整体发展被个别发展替代，内在发展需要被忽视时，重心过高的主题活动就变

成了假活动、假生活、假成长。

（3）活动主题设置点状割裂。传统的学校主题活动多呈点状开展，活动之间没有关联，育人过程没有前移后续。

《“新基础教育”研究手册》中提道：学生工作要从窄化的德育教育、片面的管理中走出来，创造体验成长的良好氛围，形成丰富的学生活动系列，构建全方位、多层面的学生发展评价体系，聚焦于学生健康人格、自我意识、成长需求以及未来公民素养等，在丰富、改变学生生活的班级建设中使学生成为“主动、健康”发展的个体；从学生社会性格和个性方面，积极有效地实现“三维双向”的新人培养模式，形成新的工作格局[①]。那么，怎样的主题活动更受学生喜爱呢？在对部分老师和学生的访谈过程中我们发现，学生对“喜欢的活动”的关注点是“好玩的”，也就是说，他们对好玩的、新鲜的、独特的事物和活动更加感兴趣；而教师对“喜欢的活动”的关注点是“成长的”，他们认为，开展活动付出的时间和精力“不能白费，不能瞎忙”，要使学生有所成长，也要使自己的专业能力有所提高。因此，我们认为，学校主题活动只有真正属于师生们自己，大家共同参与活动的策划、组织、开展、评价，且在这个过程中收获成长，这样的活动才是大家所喜欢的活动，活动过程所带来的成长，才能体现价值。

二、重建：着眼育人价值

玉律学校（2020 年 3 月正式升级为九年一贯制玉律学校）从 2014 年开始进行“生命实践”新基础教育试验，在试验的过程中，学校不断学习、梳理、重温如何真正提升学生的综合素养。在这三年的时间中，学校在新基础教育理念的指导下，着眼于学生活动的育人价值，反复重建与思考。

第一，活动是否符合学生成长需要？学校需要考虑到学生是否愿意主动参与、能否通过努力使自己得到成长？同时，每个年级段的学生都有不同的成长特点，同样的活动形式很明显不能适用于一到六年级的所有学生。

第二，活动是否体现教育综合融通？这是对学校活动的顶层设计提出的高要求。班主任老师抱怨活动多，还要管理班级常规，科任老师则头疼活动多，影响了学科学习，那么，活动与校园常规生活之间的综合融通、活动与学科之间的综合融通就显得尤为重要。

第三，活动是否突出师生共生发展？随着社会的发展，学生自我学习的途径越来越多，能力提升越来越快，那么老师就更应该加快成长步伐，让自己在每次活动设计和活动指导中和学生一起成长，不断提升自己的专业素养。更重要的一点是，我们应该多想想，每一次活动有哪些不同的提升空间，每个人的

---

① 张向众，叶澜：《“新基础教育”研究手册》，福建，福建教育出版社，2015，第 226 页。

成长是怎么变化的？

第四，活动是否设计长程育人系列？我们都知道，“系列性的活动设计，并不是相同内容的简单重复，而是层层深入，加深学生的体会和感悟；是不断深化认识，不断更新行为，不断追求更高水平内化的过程”①。那么，活动与活动之间的联系是什么？这个活动和上一个活动比较，育人提升点又是什么？学生小学阶段六个学年的活动与发展有没有长程设计？学生在学校六年的时间里，每一年都有什么不同阶梯的成长？

三、实践：扎根日常生活

学校活动的活动主题不应该是束缚、“框死”师生在班级、年级等多层面重心下移的创生，而应该是师生在生活中迸发的一个灵感、一个源泉，一颗能够激发创造、刺激成长的种子。

为了使学校活动的重心下移，最大限度扩大活动的育人资源，辐射到每一位学生，学校把思考聚焦在三个回归点：从关注外部评价回归到关注学生立场；从学校层面的顶层设计回归到班级生活；从复杂的育人价值回归到校园文化的渗透。因此，学校将往年的活动进行梳理，保留学生喜欢的项目，重点从班级试验中生成适合校级推广的活动。

叶澜教授在《怎么办好学校的各种节》中提道：“尽管我们不去过每个节气的节，但他们的节语，充满着中华民族的诗情和智慧，是祖先留给我们的最重要的馈赠。”②因此，玉律学校三年来，尝试融入“美玉文化”，在一个又一个的活动、一次又一次的思考、一轮又一轮的成长中，梳理出四季系列活动：一是翡翠般的“美丽春天节”系列活动，它充满希望，焕发成长，学生在活动中不断挖掘春天的含义，体验春天的成长；二是如水晶般的“缤纷夏天节”系列活动，夏天总是多彩、有趣的，是经过春天的滋润后，更加蓬勃生长的季节；三是如玛瑙般的“向上秋天节”系列活动，秋天代表着收获和丰实，秋天也是新学年的开始，是积极向上、庆祝成长的季节；四是和田般的“温暖冬天节”系列活动，这里的温暖不是形容词，而是一个动词，和田玉是温润的，希望学生用行动、用爱心、用自己的光和热去温暖寒冷的冬天。

首先，一个活动是一段生活过程。学生活动不是昨天做方案，今天就开展，明天就杳无声息的一件事情。它是一个和师生生活融合的过程，也就是我们常说的，不是为了活动而活动。

玉律学校六年级“蒲公英的梦想”毕业典礼，是每年“缤纷夏天节”的一个重要活动，它与艺术节的不同在于，它不仅仅是舞台上的一次艺术表演，而

---

① 李家成，王晓丽，李晓文：《学生发展与教育指导纲要》，福建，福建教育出版社，2016，第92页。

② 叶澜：《人间“节”语》，载《人民教育》，2015年第1期，第74页。

是一个成长的仪式，是毕业班整个毕业季甚至六年学习生活的总结。因此，紧紧抓住这一点，毕业班的师生们从一开始就策划寻找“毕业的意义”。毕业典礼上，四个毕业班学生分别呈现出了不一样的精彩。例如六一班在过去三年里一直开展财商学院活动，他们把班级活动延伸到本年级和全校，开展到了校外，还与社区基金会合作开展爱心活动，与企业合作进行融资。他们打算把班级财商学院变成校级的学生草根组织，在毕业季里。他们一直在做“传承”，最后通过艺术表现形式把这几年的生活呈现在舞台上。而另外的几个班级，有开展与幼儿园手拉手幼小衔接活动的，有开展与山区孩子手拉手活动的，他们小学阶段的毕业季里把生活过得很精彩，然后在毕业典礼上将其艺术化了，他们是舞台真正的主人，是典礼真正的策划者。

其次，活动提供了学生与外界平等对话的平台。2015 年春天，三（3）班发生了一件大事，他们发现新种在操场围墙边的炮仗花枯萎了，原因是供炮仗花爬藤生长的竹子被调皮的同学们抽去当了玩具。

在学校的常规管理中，这是很严重的德育问题。按一贯的做法，学校德育部门肯定得找出这些调皮的孩子，或者纪律扣分，或者批评处分，或苦口婆心教育一番，总得让孩子们知错改正。可是，在学生的成长过程中，每一件“错事”都是一个难得的育人机会。学校领导和班主任商量后，决定把事情交回给孩子们处理。于是，在班主任的指导下，孩子们分成小队分别去调查炮仗花养不活的原因，学生调查发现原来低年级的孩子们不知道竹子是爆杖花的生命线，孩子们不是不爱花而是不懂得如何爱花。后来，该班学生请来学校的花匠叔叔讲解花草知识，制作“校花好朋友”卡片，分享护花知识，开展小队活动和主题班队会课。

一次意外事件引出一个从班级延伸到学校的活动大课堂，一次有可能以批评扣分结束的“违纪事件”变成有许多发展可能的主题活动。活动从班级扩大到年级，再到全校。“我与校花做朋友”活动受到了同学们的欢迎，各班级纷纷以此为经验开展“做朋友”系列活动，发生了“我与花儿做朋友”“我与小动物做朋友”“我与同桌甜蜜蜜”等春天的故事，“我与春天做朋友”系列活动在学生中、在班级生活中萌芽、生长。

之后在班级和年级的自主策划下，学校开展了不同年级段的“与春天做朋友”系列主题活动，如寻找班级里的春天、学校里的春天（与校花做朋友、桃李林植树等）、学科里的春天（讲春天的故事、演春天的童话、画春天、捏春天、唱春天等）、家里的春天、郊外的春天，从大自然的美丽春天延伸到生活中的师生身上，如开展三八节“最美丽的妈妈”、学雷锋“做美丽少年”等活动。

一个个精彩的学校活动，满足了学生与自我、外界平等对话的需要。第一，是与自然的对话，学生回归到自然中去，探索自然，发现春天中的自然；第二，是与自我的对话，主要体现在不断地自我追问，不断地自我挑战，不断地自我提升；第三是与同伴的对话，包括与同伴沟通、合作，解决问题；第四是与老师和学校的平等对话，他们是学校开展活动的主体，是策划者也是参与者和评价者；第五是与家长和社区的对话，活动可带动家庭的亲子关系，带动学生走出学校、走进社区。而这些平等对话，在以往学校的传统主题活动中，是不可能主动地呈现出来的。

最后，活动的育人价值在于提升学生的综合素养。这基于关注每一个学生不同的成长，关注生活的发展变化，正如四季系列活动，让学生在探索四季的更替与人的发展之间的关系中，让教师在指导学生主动挑战的过程中，共同提升综合素养和综合能力，提升作为一名社会接班人迎接未来发展可能性的能力。通过几年的试验，学校对学生综合素养的提升进行了一次调研，通过对学生和家长以及老师的问卷调查、访谈，我们把提升点概括为以下几个方面：①**思维品质的提升**，主要体现在能够主动发现问题，例如在校园生活中发现的问题、课堂上提问时问题质量的体现，还体现在能主动去思考问题，寻求解决问题的多种方法；②**合作沟通能力的提升**，学校在四季系列活动中根据不同年级段和学生成长的需要，为学生设计了群体合作的方式，例如一年级的同桌甜蜜蜜，二年级的小队活动，三年级的班委建设等，学生从简单的二人合作开始，慢慢学会在群体中表达、沟通与合作；③**创造能力的提升**，由于重心的下移，学生在班级里能够主动去策划，并且组织开展活动，活动后进行回顾；④**道德品质的提升**，玉律学校的校训是玉汝于成，律己达人，律己达人是玉律人对自我道德品质的要求，对自我要律己，对外交往要“达人”，要有“爱”，活动的开展与学校文化的渗透，都使学生的道德品质不断提升。

四、提升：四季滋养成长

一年四季一个轮回，六年四季六轮新生，以六年四季轮回为主线，让学生和万物一起在季节的变化中，在年岁的增长中，去发现、去交互生长，是符合自然规律的。

从横向来说，四季的流转为系列活动串起一条丰富的成长线，玉律学校在几年的不断重建中，梳理出“美丽春天”“缤纷夏天”“向上秋天”“温暖冬天”四个系列活动，学生在二十四节气中，探索自然与生活的联系，在传统节日中，体验历史与现代的联系，在学校特色节日中，感受个体与群体的联系。

从纵向来说，一年又一年的四季轮回不应是重复的，而应该体现在小学六年的生活中螺旋上升的成长感。因此，学校非常有必要探索学生六年四季的成长节点。例如，一年级“谷雨时节我成长”、二年级“小队 go go go”、三年级“我的班级我做主”、四年级“十岁成长生日会”、五年级“更换大领巾　承担大责任”、六年级“蒲公英的梦想毕业季”，每个活动都是一学年的发展主题，例如一年级结合少先队员入队仪式，开展与同桌交往、学习规则等活动；二年级开始建立小队，以小队展风采的形式，展示或评价二年级的生活；三年级开始建立班委，班级文化的建设成了班级生活的重要主题内容之一，通过班委的选举、班歌的选定或创编，以及一系列班级建设的活动，达到阶段育人的目标。学生在小学度过六个四季，每个四季都有不一样的成长目标。

从融通来说，学生工作如何与教学工作相结合，把活动育人与学科育人的目标综合融通，探索共同的发展点，是重要的探索方向。对此，李家成教授提出具体活动开展的路径：“其一是班主任可以组织有关学科学习的主题活动，直接聚焦、提升学生的学习能力。其二是在相关主题活动、主题班队会及班级文化建设之中，融入学科学习的因素，促成活动质量的整体提升。”① 玉律学校正在努力探索，例如在学科学习中，低年级段主要通过直观的绘画、吟唱、表演来表达对春天的赞美之情，中年级段主要通过合作探究来挖掘春天与生活的关系，高年级段则通过调查研究等方式来探索春天与自然科学的关系。

学校的学生活动设计，始终是从“人”的需求出发来设计与构建的，尊重师生关系、关注师生兴趣、着眼师生成长需要，让老师和学生成为活动的主人，成为活动的设计者与收获者，才能实现每一个孩子主动成长的快乐，实现每一位教师自我超越的幸福。

① 李家成：《班级日常生活重建中的学生发展》，福建，福建教育出版社，2015，第 202 页。

目　录

第一章　谷雨时节我成长

儿童告别幼儿园进入小学，这是其生命中的重要转折点。小学一年级是儿童面对学校生活的初始阶段，对于陌生环境的适应、行为规范的养成、人际关系的建立以及责任感的形成，将促进儿童态度、能力、知识、技能等多方面的发展，为儿童未来的螺旋式成长奠定坚实的基础。然而，并不是每个儿童都已做好适应小学一年级生活的准备。因为在幼小衔接这个阶段，儿童面临着以下问题。

其一，儿童无意注意的发展先于有意注意，幼儿园注重环境的教育作用，这也是为什么幼儿园环境要不断变化，因为孩子的活动在不断变化，孩子的需要在不断变化，孩子的发展要求在不断变化……幼儿教师会以环境为隐形的教育工具。一年级是学生从无意注意向有意注意过渡的时期。主要表现为：小学低年级学生的无意注意占主导地位；注意的有意性由被动到主动；具体生动、直观形象的事物更容易引起小学生的注意；注意有明显的情绪色彩。小学二年级更是儿童注意分配能力发展的转折期。因此，儿童从幼儿园走进小学，环境的变化给予其很大的挑战。

其二，根据皮亚杰的“认识发生论”，五到六岁的儿童处于前运演阶段的第二水平，这一阶段的水平标志是儿童开始解除自身中心化以及通过“组成性功能”来发现某些客观的关系。此阶段出现的概念化产生了客体及其力量向活动本身的、主观特性的、简单的同化。六岁的儿童处于从幼儿园到小学的转折点，他们面对的不仅仅是外部环境的变化，还在不知不觉中要面临心理发展的变化。

其三，儿童在幼儿园的交际方式主要是通过游戏实现的，在假装游戏中，教师虽然也会提供一些指导，但更多的是扮演“观众”的角色。而同伴则是直接扮演不同的角色，包括变换角色和位置等，使游戏更为复杂化和多样化。在这个过程中，儿童获得了充足的交往机会，使得儿童能够更快地理解他人的心理。然而，小学教育以课堂教学为主，面向全体学生，教书育人。因此，教育模式的不同给儿童结交新伙伴带来了挑战。

其四，幼儿园侧重亲子的陪伴教育，小学生活更加聚焦于个体的独立生活，这是幼小衔接的必要过渡，是新生活的开端，也是挑战。

要解决这些问题，新基础教育要有一定的突破点。新基础教育从生命和基础教育的整体性出发，唤醒教育活动的每一个亮点，让每一个生命“活”起来。鉴于此，本书结合新基础教育理念，采用玉律学校“谷雨时节我成长”的实践案例进行论述，进一步贴近现实，形成对幼小衔接教育工作的实施路径，让儿童能顺利过渡幼小衔接阶段，积极主动地成长。

第一节　甜蜜蜜糖果路

王佳瑜

【学生阶段特征分析】

儿童进入小学，成为一名小学生，首先面临是由生活空间的变化、个人身份的变化以及随之而来的生活任务的变化带来的一系列问题。对于小学生来说，学习成为最重要的活动之一，同时他们还必须遵守一系列的学校规则，形成良好的行为习惯和学习习惯。

目前，一年级学生普遍存在刚入学时还不能适应学校生活的问题。入学是他们生活中的一个重大转折。新的环境使儿童自我观念面临巨大的挑战，他们面对新的环境既充满好奇，又有些紧张，同时环境变得陌生也会让他们产生恐惧，但是，对于“小学生”这一新角色的认同也会使他们具有一种自豪感。老师成为他们生活中重要的人，他们迫切地希望在老师面前建立积极的自我形象，非常渴望得到老师的表扬和认可。一年级入学前期是建立师生间信任的关键时期，如果学生能够得到肯定，就能迅速融入学习生活中，得到自我价值的肯定。

【活动实践】

甜蜜蜜糖果路

九月，金秋灿灿，玉律学校即将迎来一批一年级新生。告别了幼儿园，迎来了小学生活的他们，是满怀期待呢，还是充满了不安呢？无论怎么样，学校都希望在与学生初次见面之前，能送给他们一份独一无二的礼物，让他们记住这个特殊的日子，是他们和玉律学校故事的开始。因此，我们筹划了甜蜜蜜糖果路活动。

手写祝福语

在具体开展活动的过程中，我们提倡根据一年级学生的发展特点，开展“甜蜜蜜糖果路”活动。老师们利用丰富多彩的糖果卡片给孩子们送上最衷心的祝福，孩子们按照校园里与手中的糖果卡片相符合的糖果脚印的颜色寻找自己的班级，这像是一个寻宝活动。在活动中，孩子们在探索学校，走过花园，看到校园里的小兔子和五颜六色的鲤鱼池，从春之瀑布走过，从郁郁葱葱的走廊中寻找，这是一种探寻，能让孩子们更加喜欢校园生活，减少孩子们对新的学习环境的不安。学生发展中心定制了五个颜色的糖果卡片，让每位一年级的科任老师亲手书写对班上每一个孩子的祝福。孩子们在拿到糖果卡片时候，也需要在卡片的背后空白处绘画上自己对于新学校的期待，可以是期待的朋友、期待的老师、期待的课程、学校的模样，甚至是自己对未来学校生活的想象。这样简单的一张糖果卡片，我们送到学生手中的是祝福，而学生们在糖果卡片上所描绘的是希望和期待。

探索玉律园

在开学前一天，一年级老师提前召开了一年级新生家长会，亲手将糖果卡片送到家长的手中。家长们初次看到这些糖果卡片，心中既是欢喜也是感动。“老师们，你们真的是太有心意了。”“孩子们看到肯定激动得睡不着。”可是，感动之余，也有家长提出疑问，孩子们拿到糖果卡片如何才能找到自己的班级呢？“没关系的，每个班级的糖果卡片都是不一样的，孩子们手里拿着糖果卡片，按照学校里糖果脚印的颜色，会正确找到自己的教室。”家长们了解了我们的活动后纷纷竖起了手中的大拇指。

在开学的第一天，班主任们早早来到自己班上，等待“寻宝”的孩子们，孩子们在校门告别父母后，便举着手中的糖果卡片低头循着糖果之路找到自己的班级。

“原来是这里！”

“老师早上好，我是红色的糖果班级。”

“是这间教室呢！”

学生们一进教室就议论纷纷，欢喜不已。原来上小学这么有趣，原来进校园像是探险寻宝一样。

甜蜜蜜分享

“孩子们，欢迎来到红色的糖果班级，你们在糖果卡片上画画了吗？画的是什么呢？”我充满了好奇地问他们。

学生们先是一阵沉默，有几个胆子大的小男孩慢慢地举起手，我便邀请了这几位大胆的小男孩打头阵。

“我画了我们在城堡里学习，老师带着我们一起打怪兽。”

“我画了我们上体育课，体育老师和我们在踢足球。”

“我画了我们的学校，像是一个城堡。”

他们一边说，我一边把他们绘画的糖果卡片在投影仪上展示，全班同学忽而一阵欢笑，忽而又一阵惊呼。大家纷纷举起自己的小手，要求上台分享自己的糖果卡片。

学生们在“甜蜜蜜糖果路”活动中收获颇多，看来是对学校有了非常好的第一印象，也非常期待自己能晋升为“小学生”。于是，我便趁热打铁：“孩子们，现在你们是小学生了，那你们作为小学生，应该做些什么呢？”孩子们紧锁眉头，看看自己的同桌，不一会儿，有个声音响起“我们应该好好学习。”“那什么是好好学习呢？”我随之抛出一个问题。

“我们应该上课认真听讲，不能开小差。”

“还有还有，我们要把字写工整。”

“遇到老师，我们要问好。”

“表现好了，我们才能像我姐姐一样系红领巾。”

孩子们七嘴八舌地展开讨论，每一个孩子的眼中都闪着光芒，他们已成为“小学生”，摆脱家长的护佑开始独立，体会着新身份、新行为方式带来的成就感。他们一个一个挺直腰杆，端端正正地坐着，这是一个好的开始，也是他们内心驱动自己开始变化的动力。以此为契机，借此培养一年级孩子养成良好的学习习惯和生活习惯，能够成为玉律学校大家庭的一员。

【教师自评】

（1）“甜蜜蜜糖果路”活动充分调动了学生的内在动力，使得学生们能够充分地投入到学校的学习与生活中。

（2）学校关注到学生在不同发展阶段所呈现的特殊的、与成长相关的需要，特别是一年级孩子入学时候的心理，需要老师特意关注。教育的重要任务是促进和提升学生的需要层次。在一定的意义上，提升层次是作用于学生发展内动力的教育，是提升个体内在力量的教育。这种内在需要是学生身心发展和生存环境氛围激发的，其中包括教师和家长的影响力和影响方式。

（3）新基础强调“学生立场”，要发动学生，和学生一起参与策划、组织和提升活动的育人价值，融入学生工作的日常生活中。这一次的“甜蜜蜜糖果路”活动，前期活动是老师们精心策划的，后期的活动便是学生自觉参与的，并逐渐转化为内动力。

“甜蜜蜜糖果路”活动是以年级组为单位，以满足学生需求为出发点，以学生成长为主线，以专题活动为契机，融入校园的四季系列活动之中，是玉律学校独一无二的学生文化。

第二节 小岗位甜蜜蜜

李秀君

【学生阶段特征分析】

学生在入学活动中，通过“甜蜜蜜糖果路”，获得了糖果，认识了老师和同学，他们的内心更加期待小学生的校园生活，也好奇班级的生活。可是，一年级的新生，自我控制能力比较差、生活自理方面相对滞后，甚至不能自己整理书包、不能集中精神听讲、不会单独解决问题……

入学教育首先要使学生养成良好的学习生活规范、班级生活基本规范和学习行为习惯规范等。这时，利用“班级岗位工作”，让岗位工作本身成为一种教育的手段与力量，开发学生潜力，一方面让孩子在“体验成功”中产生自豪感，充分调动学生的内在动力；另一方面让学生将岗位工作内化为自身的行为规范，帮助孩子塑造自我，促使他们积极投入到学校生活中。

【活动实践】

学生刚刚离开幼儿园迈入小学，面对学校的一切，既新鲜又陌生，待到他们基本熟悉班级、校园、同学之后，面临的主要现实问题就是如何适应和融入班级集体的生活。在集体生活中：一方面，有大量的日常事务性工作需要学生完成，因为单靠老师不现实；另一方面，因为父母的包办，学生的动手能力非常欠缺，需要不断提高。我从班级日常事务中看到了学生锻炼和发展的可能性，于是组织了“我爱班级小岗位”的主题活动，自觉设置和实践班级小岗位，组织学生在小岗位上为班级服务，不仅有助于班级生活的自我维护，而且能够丰富学生的社会角色，在岗位建设中促进学生成长。“小岗位”是学生成长的“大舞台”，孩子们说：“给我一个岗位，我能行。”

小岗位设置

1. 设定小岗位

孩子们对设置岗位没有清晰的概念，于是我先让他们相互讨论班里哪些事情需要大家经常做？孩子们你一言我一语，说出许多日常琐事：擦黑板、开关电灯、清洁卫生角、整理图书等，甚至还发现了班级生活中隐藏的小问题。针对问题孩子们自主设置了相应的小岗位，如牛奶员、图书小管家、书包整理员、整队员、课间黑猫警长等。

2. 明确岗位职责

利用班队会课堂，我和孩子们一起讨论岗位的工作职责，比如，电脑小管家负责电脑、投影仪、扩音器的开关机和维护；在全体小朋友离开教室出去做操、上体育课时节能小卫士要负责开灯和关灯。明确了岗位职责，学生完成任务时就有了方向，也更有利于岗位工作的落实。

3. 自主选岗

只有学生愿意做的，他才会去做，并且会用心去做，任何人都不应该“强拉马饮水”。在我的引导下，孩子们根据自己的特长和爱好选定自己的岗位。岗位是多层次的：必选岗位 + 自选岗位，比如值日生这样最基层的岗位就是必选岗，每个人都要打扫卫生，这样也就做到了人人有岗。

小岗位竞聘

在自选岗位时总会出现一人多岗和一岗多人的情况，如有多人选一岗，就要进行简单的竞岗。但是，对于个别更需要领导力的小岗位来说，则有必要开展正式的竞岗活动。在一年级第一学期时我们班竞选的“整队员”《给我一个岗位，我能行》就是一个典型的竞选活动。这次班会要引导孩子们在竞岗的过程中发现自己的优势，展现自己的才能，更加深入地体会做好小岗位所需要的能力。

活动前期，我和孩子们一起确定并认识了班级小岗位，竞选了班长、学习委员、卫生委员，以及这些部门中的个别小岗位，他们在自己的岗位上认真履行职责，坚持为班级服务，为全班同学树立了榜样。而其他同学也跃跃欲试，经常问我：“老师什么时候再竞选？”

孩子们的竞选岗位积极性很高，但是他们的领导方法和工作方法却有待改进，比如，课间黑猫警长有时太过负责，课间休息放松的目的就达不到了。所以这次班队会，在开始环节我就让优秀的牛奶员岗来展示他们的工作过程，从而总结出做好岗位工作不仅要有责任心和恒心，还要有好的工作方法。

在活动过程中，我边讲述边出示图片，让孩子们回顾前期岗位工作。牛奶员开始展示小岗位成果，他们边解说边演示工作过程。我顺势采访牛奶员：“老师想采访一下你们，你们提着一大筐牛奶走下去累吗？”

孩子说：“累！”

“那你为什么还要每天都坚持做这件事？”

“因为这是我的岗位职责。”

我继续追问：“那你呢？老师发现一个小细节，陆涛同学每天提着垃圾，站着等大家喝完牛奶放好牛奶盒后，才默默去喝自己的牛奶，每天这样做你累吗？”

孩子坚定地说：“不累！因为这是我的工作。”

其他孩子们听了，情不自禁地为牛奶员鼓掌。接着，我问孩子们：“你们觉得他们为什么能做得这么好呢？”

有的孩子说：因为他们每天都能坚持完成本职工作。

有的孩子说：我觉得他们工作很认真。

还有的孩子说：他们发牛奶的速度很快。

根据孩子们的回答，我大致将岗位职责总结为：坚持做，认真做，智慧做。于是，我引导孩子们了解做好小岗位要履行具体的职责，要有认真的态度和好的方法。

通过竞选活动，学生了解了竞选小岗位的一般模式：先展示与岗位相符的个人才能；接着抢答加分；最后投票。这样一个竞选方式，也很好地让刚入一年级的学生了解到竞选的大致模式和流程。这次竞选活动以粉丝团支持竞选者的方式进行，培养学生初步的合作能力。粉丝团特别卖力，课间休息时，就有粉丝号召大家练习，我看到这一幕特别开心，因为他们初步明白了合作和团体的力量。

小岗位发展

1. 小岗位评价

发现问题，及时帮助；发现懈怠，及时加油；发现亮点，及时表扬。通常情况下，小岗位设置容易，管理评价却较难。一年级上学期班级的小岗位基本上都成立了，但是经过一个学期的岗位工作，大家发现个别小岗位成员对岗位工作出现了倦怠情绪，工作不够积极，这可能和我班对岗位的管理和评价不够系统，不够到位有很大关系。我采取的岗位评价的流程是：自我申报—小组交流—大组评定—发证书。

岗位评价标准有如下几点。

（1）做好自己。

（2）坚持做好岗位职责的基本工作（做到“四心”：爱心、细心、耐心、恒心）。

（3）有计划有目标地开展岗位工作。

（4）有创新性教育活动，有好的工作方法。

2. 岗位分组

为了方便管理和培养班干部，更为了进一步促进学生之间的团结协作，一年级第二学期，我根据岗位性质把小岗位分成了四类，分别是学习组、纪律组、卫生组、礼仪组，同时设立竞选岗位组组长。在强化岗位责任的基础上，岗位组的设立有利于促进学生之间互帮互助、友好协作关系的形成，组内小集体的责任意识也能得到强化。

3. 岗位组评价标准

岗位组的评价一定要和小岗位的评价区分开来，小岗位评价注重评价个人的工作成果，而岗位组的评价侧重于组内所有岗位成员合作所取得的工作成果，强调合作性、综合性。因此在展示岗位组工作成果的过程中要避免单个岗位的展示，应该是整个岗位组的工作展示，遇到工作问题时，组长该做什么，组员又该怎么合作解决。另外，小岗位的评价标准和岗位组的评价标准是有共通之处的，例如：勤快地做—合作地做—智慧地做，可以共同作为小岗位和岗位组的评价标准，但是要特别注意的是评价的对象不同，小岗位的评价对象是个人，岗位组的评价对象是整个组的岗位成员。这一点教师和学生都要区分清楚。

4. 岗位组评价活动

我给负责四个岗位组的负责人分别发了一张班级学生名单，让他们日日检查，并做好相应的记录。这样可以重点发现小岗位工作的闪光点，同时以友善的方式指出不足并作改进。小岗位评价也是多元的，有跨岗位组的日常检查；岗位组工作的每周反馈；在日常检查基础上的每月评优。这样多重多元的评价方式使孩子们更加积极向上，使我们的班级生活充满了活力。

在一次评价岗位组的班队活动中，我让孩子们展示了岗位组工作的最大亮点，让他们明确岗位有职责、有方法，促进自觉服务意识。同时通过观众与岗位组的互动，增强岗位工作自信心和参与的积极性。最后以采访观众和投票的方式展示结果，培养学生初步的评价能力。

班队会全程由班里的小主持人组织评选，我适时点拨引导。

“这节课让我们一起来选出最优秀的岗位组，现在老师就把舞台交给我们班的两位主持人，大家掌声欢迎！”

“大家好，这节班会由我们来主持，让我们一起评出优秀岗位组。”

“我们的评选分为两个环节，第一个环节是：各岗位展示自己的工作成果。同学们如果觉得他们做得好，请你给他们点赞；如果你们觉得你们做得比他们还好，那请你给他们提出建议；如果你不点赞也不提建议，你也可以提出你对他们的岗位感兴趣的问题。”

“第二个环节是：投票、唱票，选出最优秀岗位组，颁发奖状。下面先请学习组的同学，大家掌声欢迎！”

接着，各岗位组展示工作成果。

学习组：介绍学习组成员，让表现突出的图书小管家展示工作。主持人随机互动，引出评价标准。

卫生组：介绍卫生组成员，值日生现场指导工作；出题考考大家，主持人随机互动。

礼仪组：岗位组成员做自我介绍，情境再现，与学生互动，指导佩戴红领巾。鼓励和肯定礼仪组的工作。

纪律组：介绍纪律组成员，课间黑猫警长重温课间游戏。老师伺机与台下同学随机互动，鼓励学生热情参与游戏。

“岗位组，我来评”班会活动片段

纪律组组长：大家好，我们纪律组的小岗位有整队员、课前提醒员、课间黑猫警长、眼操小天使。我觉得我们组每个小岗位队员都做得特别棒（出示图片）你们看！特别是课间黑猫警长。

两位课间黑猫警长：我们的职责是做好课间走廊、教室、厕所的安全文明工作，发现冲跑打闹等不文明现象，及时劝导。

课间黑猫警长1：课间的时候我会边在校园里欣赏风景边监督，如果发现不文明现象，会及时劝导他们。

课间黑猫警长2：之前我还教大家玩了一个安全又好玩的游戏“红灯绿灯小白灯停”，现在我们再来玩一次，有兴趣的同学可以学一学！（游戏呈现：一个人转过去，喊“红灯绿灯小白灯停”，其他人从他的背后慢慢走上来，如果他说完“红灯绿灯小白灯停”可以回头，看见谁动了那个人就得过来替他。）

课间黑猫警长1：以后我们还会教大家玩更多的安全知识游戏，我们很棒吧？谢谢大家！

各岗位组展示完毕后，老师适时采访学生，引导学生再次看到岗位组成员值得大家学习的闪光点。最后，投票评选出优秀岗位组，老师伺机肯定学生的付出和成长，鼓励大家相互学习。

【教师自评】

开展组织管理类活动，最重要的是倡导民主参与“小岗位甜蜜蜜”活动，我认为要注意以下几方面。

1. 全员参与

《“新基础教育”研究手册》中提道，“在班级中增设班级岗位，把主动参与班级日常工作的权利还给学生”，在实践中不断丰富，形成服务类、学习类、活动类等多类岗位，这将好比在班级中划分了不同的工作与职业，为每个学生参与公共服务奠定了基础。我组织学生发挥想象，一共开发近30个岗位，涉及班级生活的方方面面，基本能覆盖每个学生，实现全员参与。

2. 全程参与

岗位工作是个长期性工作，包含岗位设置、岗位竞聘、岗位实践、岗位评价、岗位轮换等环节，每一环节都有育人价值。以竞聘和轮换为例，前者是通过竞争上岗，让每个学生都可能享受权利，后者是定期轮换，是从制度上打破特权阶层，从而在日常班级生活层面落实民主。这对每个学生而言，无疑是民主意识的熏陶与培养，其价值与意义不言而喻。在本次活动中，我先后发动学生们自行设岗、自行竞聘、自行决定、自主评价与轮换，真正让一年级小朋友作为班级的小主人，进行民主的普及与训练。

3. 全面参与

班级组织管理也是综合性的工作，涉及许多方面，在不同年级段还会有不同内容和侧重点。一般来说，一年级要建立班级小岗位，二年级要建立班级岗位组，成立小队。三年级要组建班委会，选举小干部。四年级要组建双班委甚至多班委。五六年级要组建班级社团、项目组等非正式组织，还可以组织参与年级、全校自主管理，在更高层面锻炼与培养能力。我们要根据实际需要长期坚持这样的活动，在三到六年的时间里，让孩子们能够全面经历并不断发展。

第三节　我和同桌甜蜜蜜

刘瑾秋

【学生阶段特征分析】

个人的正常生命活动不仅要求与环境交流信息，而且要求与环境建立某种有情感意义的关系。在学生的人际关系中，同学关系又是学生在日常生活中最基本的关系形态，乃至于延续终身的友谊。这一关系的形成与发展，直接影响学生的生存形态与发展内涵。

对于刚上一年级的新生来说，“甜蜜蜜糖果路”促使他们获得了在小学生活的第一个交往关系：师生关系和同学关系。在班级“小岗位甜蜜蜜”活动中，这种与老师、同学的关系在工作交往中不断升温。随着在共同的岗位工作和班级生活，大家彼此间都慢慢了解和熟悉了，孩子们开始有自己固定的玩伴，而玩伴也常常是和自己座位邻近的同学。因为坐得近，经常分发本子，互相背诵课文，课上合作。特别是同桌，接触的机会更多。一年级的新生由于能力和水平的局限性，在更多的班级生活与课堂生活中，老师往往更加倾向于通过“同桌互动”的方式来达成教育的目的。

【活动实践】

还记得“甜蜜蜜糖果路”的班级活动，孩子们享受着甜甜的糖果，与同桌分享着甜蜜的喜悦，甜蜜的种子开始在心中萌芽……

同桌，认识你真好！

“报告！老师，我来领小红花啦！”

“你今天的表现非常棒哦！继续保持下去，你一定会更棒的！”小卢忽闪忽闪着眼睛，猛地点点头，嘴角不禁上扬。

“等会儿回到教室可以帮老师叫陈 XX 过来吗？”

“老师，陈 XX 是谁？”

听到这回答我心里“咯噔”了一下，已经开学一周了，他还不知道自己的同桌叫什么名字呀！

我笑了笑，“陈 XX 就是你的同桌呀！你还不认识他吗？”

“噢，原来是我同桌啊！”他不好意思地挠挠头，跑开了。

经过这件事之后，我经常在课间观察孩子们的交际活动，发现学生的交际对象多局限在幼儿园时认识的人，他们有时候为了寻找玩伴会不惜跑到其他班级门口去找小伙伴，而班级里一些较内敛且没有同伴的孩子，则是静静地坐在教室里。在课堂上，让孩子们同桌间进行互动交流合作，孩子们也总是扭扭捏捏放不开，不愿意与他人交流。鉴于以上出现的各类现象，考虑到不论是从物理性的班级的接触，合作共事，还是参与到班级生活的策划、实施与思考重建，都需要同伴交往。于是，我策划了“同桌，认识你真好”的系列活动，从同桌这类交际对象入手，旨在让一年级的孩子尽快融入班级生活中。

当天，我就让孩子们回去制作一张自我介绍卡片，贴上自己的生活照片，写上自己的基本信息，包括姓名、年龄、兴趣爱好等，在第二天的活动中和同桌进行交换。第二天，孩子们一来到班级，就迫不及待地拿出他们的自我介绍卡片开心地和同桌进行交流：

“你和我一样都是六岁了！”

“你的照片是在哪里拍的？”

“你家和我家一样都在超市旁边。”

“我也很喜欢踢足球！”

听着孩子们间热络的交流，我认为自我介绍卡片的制作还是很有必要的。经过一天的交流，在下午的班队活动中，我让孩子们主动给大家介绍自己的同桌。起初，孩子们都很羞涩，不敢举手，但有一位孩子站起来了，他的同桌也就按捺不住，把小手举得高高的，也想给大家介绍，这样的氛围蔓延到了整个班级，孩子们在互相介绍中更加熟悉对方。

活动进行到第二环节，“请小朋友们和同桌交换自我介绍卡片，并且在对方的卡片上写上自己的名字，这样，就代表着你们是认定了的同桌，要好好相处哦！”孩子们一听，更加自豪了，他们为自己有这样一位同桌而自豪，眼睛里闪着光芒。在第三环节中，我用一首轻快的歌曲《认识你真好》搭配舞蹈动作，让同桌间快乐互动，更增进了他们的感情。在此次活动中，孩子们意识到同桌对他们的意义，对同桌有了进一步的了解，体验到交往的快乐。不仅如此，在介绍同桌的环节，班里的其他孩子也在一定程度上认识了新同学，增进了班级学生间的情感。

同桌，我的课间好搭档

孩子们之间越来熟络了，随之而来出现了新的问题。孩子们在课堂上认认真真听讲了 40 分钟，下课铃一响，他们就像是脱缰的小马，在教室外飞奔。教室门口的空地并不大，孩子们挤在一起，非常容易出现安全事故。于是，老师们就商量着，在班级里组织孩子们一起参与“同桌，我的课间好搭档”活动，除了希望能够减少奔跑现象之外，还希望同桌间能够起到互相学习、互相监督的作用。

“同桌，我的课间好搭档”活动的展开，需要孩子们做前期准备工作：课间怎样玩才是安全的、有趣的。一听到这个问题，孩子们兴致高昂。玩，是他们再熟悉不过的事情了。同桌间悄悄讨论起来：

“我们可以玩五子棋！”

“我们还可以一起读故事书。”

“跳房子游戏也很好玩！”

……

孩子们七嘴八舌地讨论着，不一会儿，课间活动的安全游戏就出炉了。

“亲爱的孩子们，游戏是有了，可这些用具从哪里来呢？”我故作疑问，没想到，这群孩子的回答还真让人眼前一亮。

“老师，我家里有五子棋，我可以带来和同学们分享！”

“我家里也有魔方，可以一起玩。”

……

“你们真的很棒！那明天就请你们把能分享出来的活动用具带来吧！”

第二天，孩子们都把自己最心爱的玩具带来了。在这个过程中，孩子们的内心会面临抉择，但最后，他们都愿意把心爱的物品分享出来。我想，这润物细无声的活动，是孩子们敞开心扉的开始。

有了这些有意义的课间活动，孩子们奔跑的现象明显减少了。下课铃声响起后，孩子们拿出自己心爱的小玩具，和同桌一起安静地玩起游戏。

同桌相约共进步

自从上次“同桌，认识你真好”“同桌，我的课间好搭档”活动结束后，我明显地感觉到班内的氛围变得更好了，同桌间更加友爱，在下课时会互相玩小游戏，在课上也更愿意与同桌互动，当同学不舒服的时候，争着要把同学护送到校医室……看到这一系列的变化，我内心是欣喜的，他们正在逐渐建立兄弟姐妹般的情谊，这是他们接下来五年或六年的共同生活的良好开始。

一个月后，孩子们渐渐适应了学校生活，进入了“小学生”的状态，孩子们对全班同学也都基本上认识和了解了，同桌间的互动对比起一个月前，有了质的提高。但渐渐地，我发现，同桌间的关系太过于亲密，同样会出现新的问题：同桌间由于感情较好，在课上总是出现讲小话的现象，并且俩人之间小动作不断，不是我碰碰你，就是你挠挠我。针对以上问题，我分析有以下两点原因。

（1）在前期工作中我只注重培养学生之间兄弟姐妹般的关系，而忽视了学生间共同创造的关系。

（2）没有主动引导学生形成相互学习的关系。

因此，我设计了“同桌相约共进步”的主题班队活动，旨在让学生在活动中理解同桌的意义，共同推进新习惯的养成，创造同桌之间共同学习、友好竞争的动力。

在活动中，我设计了一份空白的“同桌甜蜜蜜公约”，让学生思考同桌之间在学习和行为习惯方面如何互相帮助。当这个问题抛出时，底下的同学便开始七嘴八舌地讨论了起来：

“我们可以提醒对方把抽屉整理整齐。”

“做操的时候可以提醒同桌把桌面收拾干净！”

“还要提醒他们推椅子！”

“还有！还有！他上课要是再说话，我可以提醒他们安静！”

……

同学们越说越激动，提出的建议也越来越多，涵盖了学习和日常的各个方面。活动的最后，我留给学生一项活动任务，回家设计一本小本子，大小和我们的语文作业本一样，这就是学生自己的“同桌甜蜜蜜公约”本。我根据学生提出的建议进行整理，打印成文，在学生设计成型后粘贴在公约本上。在公约本的最后设计有小红花粘贴栏。如果同桌之间有明显的进步，便可以得到老师奖励的小红花。学生们可根据小红花再换取习得章。

结合《学生发展与教育指导纲要》的指导内容，“同桌甜蜜蜜公约”本包含了四个方面：社会交往规范、学习生活规范、学校生活规范、学习的基本习惯。“同桌甜蜜蜜公约”本的具体公约如下。

一、我们是礼仪小明星

1. 我可以向他人大方地介绍自己；

2. 我可以鼓励我的同桌，让他变勇敢；

3. 我可以主动和老师、同学打招呼；还可以提醒我的同桌也要有礼貌。

二、我们是独立小能手

1. 我可以自己按时起床；

2. 我可以坚持每天准时到学校；

3. 我可以每天自己整理书包。

三、我们是守纪律的小标兵

1. 我可以在课间不追逐打闹，不玩危险游戏；

2. 在上课时我可以认真听讲、不随意讲话；有任何问题我可以做到举手发言；

3. 我可以在上课前准备好学习用具，下课后就立刻收拾好；

4. 排队时我可以快速、安静、整齐；

5. 我可以每次都保持我的桌椅整齐和干净卫生。

四、我们是会学习的小美玉

1. 我可以把字写得工整漂亮；

2. 我可以大声有感情地朗读，并且不拖拉；

3. 我可以爱护作业本，每次写作业都干净工整；

……

我亲爱的好同桌，你敢接受我的挑战吗？

挑战发起者：

接受挑战者：

2018 年 9 月

终于又等到了下一次的班队活动，学生们早已按捺不住激动的心情。在前一个星期，学生已经不止一次问我："老师，我们什么时候才能和同桌一起签'同桌甜蜜蜜公约'啊？"在"同桌甜蜜蜜公约"签订仪式上，同桌两人互相交换公约本，认认真真、工工整整写下了自己的大名，并郑重地按了手印。在此时，他们的心和同桌是连在一起的，他们是未来一起共同进步的好伙伴。

通过这样一个具有仪式感的班队活动，结合自评、互评以及师评，学生受到了表彰，成为示范，还强化了他们的榜样意识。同桌间的比赛也能够激发孩子们的不服输精神和相互督促动力，在比赛中将行为规则、学习习惯内化为自己所有，在此过程中体验到学习是小学生的责任的同时也感到学习的快乐。这对一年级新生顺利完成幼小过渡具有重要意义。

【教师自评】

"我和同桌甜蜜蜜"系列活动是一年级学生，为了适应小学阶段的交往需求而开展的，三次活动根据学生存在的问题与现实需要而开展，并且呈现以下效果。

第一，学生状态循序渐进。"同桌，认识你真好！"是孩子们在小学阶段，基于交往需要而开展的一次小小的破冰行动。"同桌，我的课间好搭档"活动则是利用学生同桌之间的亲密关系，通过活动使他们之间形成连接，这是对前一次活动在情感上的升华。"同桌相约共进步"则是在同桌间熟悉之后学生相互合作能力培养的进一步体现，使彼此形成一种约束，让学生形成初步的规则意识。

第二，学生能力日益明显。从"我和同桌甜蜜蜜"系列活动最后呈现的成果来看，学生能在短短的一两个月内学会与周围的同学交往，同时，他们的行为习惯也在互助与竞争中得到培养。可以说，以同桌为单位引导一年级学生交往、学习，是帮助学生顺利完成幼小衔接，尽快适应小学生活的有效载体。

第四节　谷雨时节我入队

罗卓姬

【学生阶段特征分析】

一年级新生刚刚成为小学生，首先面临的是由生活空间的变化、个人身份的变化以及随之而来的学习生活任务的变化带来的一系列问题。因此，我们制定了一年级学生的发展目标："小学生"角色，养成基本的学习习惯和生活习惯，形成规则意识；喜欢学习，喜欢学校生活，自信，喜欢并且能够礼貌地与老师、同学交往，并成为集体中的一员，愿意为班级和其他同学服务。

在具体操作过程中，"大手牵小手"利用校园群体的资源，调动这一系列活动。所谓"大手牵小手"，是指让一年级新生与高年级学生建立友谊班级，发动高年级学生对新生在班级生活中的方方面面给予指导和帮助。这是一个综合性的活动，高年级学生不仅能帮助一年级学生养成良好习惯，而且可以对一年级学生的岗位工作、小干部工作、课间游戏等进行帮助和指导，使新生很好地融入学校这个大集体，激发他们对学校的热爱，使他们产生归属感。

（摘自《"新基础教育"学生发展与教育指导纲要》）

【活动实践】

大小领巾　薪火相传

谷雨是春季的最后一个节气，谷雨时节雨水增多，有利于农作物的成长，故"谷雨"象征成长。"谷雨时节我入队"是一年级和五年级手拉手主题系列活动，一方面，以此活动来锻炼和培养一年级和五年级学生的综合能力，使得一年级学生获得"入队申请"的权利，也使五年级大队员凭借"优秀队员"荣誉获得"更换大领巾"资格；另一方面，借此教育五年级大队员继承与发扬中国少年先锋队的光荣传统，培养新少先队员的爱队意识，感受作为一名少先队员的骄傲与自豪感。"大小领巾，薪火相传"作为系列活动的节点活动，能增强少先队组织的力量，促使队员尊敬热爱少先队，促进我校红领巾事业的蓬勃发展。

闪闪红星放光彩

入队前期，一五年级开展了一系列“谷雨时节我成长”的队前教育活动——星星火炬在心中“萌芽”，“寻找糖果班级”“小美玉我成长”等活动帮助学生完成自我挑战，在开学的第一天自己背着书包，以游戏的方式成功找到自己的新班级；以寻宝的方式，和大哥哥大姐姐到校园的每一个角落去寻找新学校的“宝藏”，在游戏过程实现了一年级新生自我管理和遵守学校各项规章制度的意识。“闪闪红星放光彩”系列活动是高年级自主为一年级策划的主题活动，让一年级学生在班级的自我管理当中逐渐成长，例如班级小岗位组织文化建设、给岗位起名字、认岗、领岗、岗位轮换等，以及五年级和大队委通过情景剧到一年级各班“敲门”，让一年级学生认识中国少年先锋队及其由来，学习少先队基本知识，如认识少先队的成长史、队旗、队徽、红领巾；观看电影《飘扬的红领巾》《闪闪的红星》；用画一画、写一写的方式总结感悟；同时开展主题实践活动“缅怀革命先烈，弘扬民族精神”，组织“清明节扫墓活动”，以革命先辈的不朽精神影响着孩子的幼小心灵。通过一系列入队前教育活动，让一年级学生清晰地知道如何做才能成为一名合格的少先队员。

小美玉我成长

为了鼓励一年级学生积极成长，老师们根据《学生成长争章手册》中一年级学生在“习得、纪律、礼仪、家校、服务”等方面的活动表现，通过“自评、同桌评、五年级大队员评、家长评、老师评”的方式进行评价，以争取“少先队能力章”的方式来获得“入队申请”资格。并在“红领巾，我要戴”活动中，由一年级和五年级的队员、家长、老师来评选“萌萌的小手奖”“棒棒的大手奖”“暖暖的大手奖”，鼓励一年级学生为成为一名光荣的少先队员而争先申请入队，从而获得入队的资格。

谷雨时节我入队

“谷雨”当天，迎着勃勃生机的春光，在万物生长的谷雨时节，玉律学校举行了“谷雨时节我入队”之“大小领巾，薪火相传”的一年级入队仪式和五年级队员的更换大领巾仪式。活动还特别邀请了一年级全体家长观礼，共同见证孩子们的成长时刻。伴随着铿锵有力的集结号，迎着和煦的春风，一年级和五年级的孩子们手拉手，结队步入运动场。入队仪式拉开序幕，当主持人宣布：“新队员入队仪式现在开始”的时候，期待已久的同学们精神抖擞，小小的脸上写满了期待。首先是庄严的出旗仪式，在队员们嘹亮的队歌声中，护旗手高举中国少年先锋队队旗，迈着整齐、矫健的步伐，队旗高高飘扬，星星火炬闪耀着传承的光芒。这时，五年级学生为一年级学生戴上了鲜艳的红领巾，一年级新生敬出第一个标准队礼，在队旗下宣誓成为少先队员，接着是王婷校长为新中队授中队旗，给新中队辅导员颁发聘书——对辅导员与新队员寄予厚望！结队班级向大家声情并茂地朗诵《领巾飞扬我成长》，在朗诵中再次回忆一年级和五年级手拉手共成长的历程，还有一年级学生送礼物给五年级学生以及合影留念。这场活动见证了孩子成长的瞬间，体现了一年级和五年级手拉手的情谊。相信一年级新队员在这样的入队仪式活动中借着红色基因的传承，接力玉小“美玉”精神，薪火相传，拔节成长。

我为红领巾增添光彩

为了让学生更加珍惜成为一名少先队员这个来之不易的机会，促进他们在思想上、行为上、生活上，方方面面更好地成长，入队后续教育开展了一系列活动——“红领巾，我为你骄傲”，完成少先队相关知识、礼仪的学习和巩固。开展了一系列丰富多彩的队后活动：“我会为红领巾增添光彩”一年级队员制作成长记录作品；“队知识知多少”一年级和五年级联合大队部开展少先队知识竞赛等。一年级新队员快乐地说：从今开始，红领巾，我的伙伴，将时时在我的胸前飘扬，无论我遇到什么困难，我都会为红领巾增光添彩。

入队是一次自我挑战，成长是一次理想再启航。我们相信，少先队员在时刻准备着！

【教师自评】

“谷雨时节我入队”系列活动旨在鼓励一年级、五年级全体学生共同参与，并根据不同年级的不同成长需求而设计的大手牵小手的系列活动，通过这样的系列活动为孩子们指明成长的方向，积极主动地学习，学会承担责任、自强不息的精神，活动的设计要注意以下几点。

（1）通过系列活动，提升五年级大队员的榜样作用和大队员的综合能力，培养一年级学生的文明礼仪习惯。

（2）通过手拉手活动，培养一年级预备队员对中国少年先锋队的认同感和归属感，感受作为一名少先队员的光荣；同时加深五年级大队员对少先队的认知，促进五年级大队员向少先队组织密切靠拢。

（3）通过少先队活动来展示我校队员积极进取、健康向上的精神风貌，加强少先队组织的建设，促进我校少先队事业的发展，为培养共产主义接班人做好准备。

系列活动重建回顾

【成效体现】

一年级的学生就像春天里的新芽，等待生长，充满希望。有别于“单向式”的幼小衔接，玉律学校和玉成幼儿园这两个重要主体相互配合，形成教育合力，共同发挥作用。玉律学校开展的“谷雨时节我成长”的主题系列活动注重与玉成幼儿园衔接策略的连续性，促进儿童发展。具体表现在以下方面。

第一，环境建设激发学生的探索欲望。开学第一天，由于儿童对新的生活充满未知，既好奇又紧张。玉律学校通过“甜蜜蜜糖果路”活动创设甜蜜的环境，为学生留下美好的印象。在这个甜蜜的环境中，为儿童规划了挑战的目的，满足了儿童的探索欲望，使儿童既认识了玉律学校这个文化大环境，又步入所属班级这个温馨小环境。儿童刚步入幼儿园也是既好奇又紧张，在玉律学校探索式的过程中，调动了儿童的前期经验，启迪了儿童的智慧，满足了儿童成长的需要。

第二，岗位建设增强学生体验感受。班级岗位建设是“新基础教育”理念的重要工具，它在班级组织建设、制度建设和文化建设中，尊重学生的内在需要，使其以自身需要去学习、去实践，并发展成为一个主动的个体。玉律学校充分捕捉儿童的内心，满足儿童的期待，通过设立“小岗位甜蜜蜜”主题活动，一方面让儿童在“体验成功”中获得自豪感，另一方面让儿童将岗位工作内化为自身的行为规则。在幼儿园中，儿童也在经历着这种体验式的成长，即“生活即教育，处处有教育”。幼儿园没有固定的教材，但其教育内容适合儿童的年龄特点、认知发展水平，并达到充分调动儿童活动的积极性、主动性、创造性的效果，具有丰富的教育价值。因此，儿童对“小岗位甜蜜蜜”活动一点也不陌生，更多地被当作幼儿园阶段的延续，学会“自己的事情自己做”。当然，小学“小岗位甜蜜蜜”活动又做了进一步的延伸，儿童在其中发挥的主人翁意识更强，责任的担当更重。

第三，同桌交往帮助学生学习文明。因为儿童在幼儿园和小学的同伴交往环境存在在天翻地覆的变化，从一起游戏变成了一起学习，这就需要教师提供适宜的机会，让儿童主动结交新伙伴。同桌是新生接触机会最多的对象，因此，开展“我和同桌甜蜜蜜”活动，让儿童之间能够彼此分享甜蜜的喜悦。而前期，儿童会延续幼儿园时期对于同伴关系的理解，互相打闹、互相嬉戏。面对这种情况，教师遵循儿童的身心发展规律，鼓励其通过自主讨论，建立属于儿童们自己的社会交往规范、学习生活规范、学校生活规范和学习基本习惯。发挥儿童的主人翁意识，让其更为主动地遵守自己制定的规则。

第四，角色定位促进学生积极主动。儿童从幼儿园步入小学，对“小学生”角色既欣喜又紧张，欣喜的是他们成了哥哥姐姐，自己的地位有了提升；紧张的是他们不知道怎么表现自己才能成为人人夸赞的小学生。儿童对红领巾充满了无限的敬意，这种敬意从幼儿园阶段就在其心中撒下了种子。小学教师在儿童入队早期做铺垫，先以实物红领巾为载体，培养儿童的习惯养成、规则遵守，后以精神集体意识为奠基，增强儿童的社会责任感。

【理性思考】

基于“新基础教育”理念，玉律学校的幼小衔接活动的开展是真正的班级活动，是鼓励全体学生自主投入，主动参与的活动。正如蒙特梭利所说：我听到了，但可能忘记了；我看见了，就可能记住了；我做过了，便真正理解了。儿童在“谷雨时节我成长”主题活动中完成了实践，主动地探索，提高了幼小衔接的有效性。但是，幼小衔接是一个长期的系统化工程，在实践探索中需要进一步为这个工程注入更大的生命活力，不断促进“新基础教育”共同体的发展。具体活力源泉的延续表现在以下几方面。

第一，点燃——点燃对小学生活的期待。叶澜教授曾经提出，在当前社会文化生态复杂化的前提下，学校文化建设有着新的内容，如：市场竞争和消费社会环境中的人生导引、西化对本土沉浸背景下的文化培根导引、现代与传统纠缠状态中的未来导引等。来到玉律学校，孩子们都有一个好听的名字：小美玉。在幼儿园，“玉玉成成”作为吉祥物，用其独特的形象，为儿童树立榜样，提供精神寄托。将“玉玉成成”引进小学，能更进一步增添活动的趣味性，带给儿童精神的寄托，让幼小衔接的小学生消除对未知生活的恐惧，对小学生活有了新的期待。

第二，过渡——过渡有效衔接的生活方式。不同于幼儿园的交往方式，当儿童进入小学后，小学的班级人数较多，交往范围变大，与同伴的交往成为主要内容。如何适应新的交往环境，是幼小衔接时期儿童教育的重要问题。当然，幼小衔接的交往不是断点的，5~6 岁的儿童处在以契约促进交往的阶段，儿童也是基于生活经验制定“同桌甜蜜蜜公约”本。父母是儿童的第一任老师，家庭教育对孩子有着润物细无声的作用，这就要求家长为幼儿交往做好榜样，比如对待儿童轻声细语，对待长辈尊重有加，对待他人礼貌平等，为人处世信守承诺、正直善良等。家长为儿童树立榜样，儿童才能用正确的理念广交朋友，与朋友共同成长。

第三，深入——深入对小学生活的学习与适应。基于“新基础教育”理念，儿童应该主动学习。培养孩子对于学习的内驱力，应该做的是强化孩子在学习过程中积极的、正向的心理体验，让孩子发现问题，解决问题，并做到知识迁移，主动地解决其他问题。儿童在这方面的培养需要家长、学校以及幼儿园共同努力，倾听儿童的“一百种语言”，鼓励其不断尝试，让其主动地实践与发展。

第四，挖掘——挖掘小学生的成长亮点。针对一年级学生的发展潜能，其应具备对学校的光荣感、对自身发展的责任感和对自我能力的肯定感。成长亮点的形成需要一张由自然、社会、家庭以及学校组成的网络，也就是自然环境的滋养、成人的进一步引导和同伴间的相互影响。

第五，提升——身份的再次转变，鼓舞小学生不断成长。儿童从幼儿园步入小学，先是懵懵懂懂地接受“小学生”角色，而后通过师生共同体的成长，被光荣赋予了“少先队员”称号。因此，从理解关心儿童出发，为他们创设民主、平等、和谐的环境，鼓励他们在明确自身角色定位的前提下，勇于承担责任，形成乐观心态和顽强意志，茁壮成长。

第二章　小队 go go go

一、个体发展需要

老师们发现大部分孩子在进入二年级之后，虽然他们个头没什么明显变化，但是每个孩子好像突然之间懂事了许多，能够轻松地应对很多学习上的问题，表现出积极的学习欲望。这是因为孩子们对于学校生活有了一定的体验，从一年级的陌生到现在的轻车熟路，孩子们有了更多的想法和乐趣，对学校的新实践生活充满了向往，但也因此出现了不少新的问题。

1. 实践能力与期望不匹配

二年级学生参与互动的愿望很高，但是愿望和实践之间还是有很大的差距，此时他们学以致用的能力还很缺乏，还处于自我中心主义，无法很好地进行分工和配合，分工合作的能力和意识事是欠缺的。面对问题，相互推诿、争抢等情况时常发生。

2. 交往关系发生变化

升入二年级后，学生之间的关系开始悄然变化。一年级时孩子们都处于一个观察的阶段，他们在适应学校生活的同时，也在观察着身边的同学和老师。升入二年级之后，学生会进行选择性的交往，对于自己心目中的好同学、好老师他们都有了自己的评判标准，同伴之间的交往也往往因为其方式和方法常成为其实现目标的障碍，并且产生消极情绪。在家庭中，亲子关系类别差异也开始逐渐显现出来，不同的教养方式出现不同的亲子关系，民主型的家庭中逐渐形成平等的关系，严厉型家庭容易造成孩子叛逆或者缺乏自信。

3. 自我建设需求

每个孩子因为发展的差异，成熟程度又有所不同，成绩较差或者能力欠缺的学生，容易产生自卑感；一部分学生在学校得到成就感以后，积极性逐渐提高，而相反的一部分学生，因为没有得到机会习得成就感而产生消极的情绪。

这个阶段的学生，也因为积极的自我反观能力还有待形成，常常有老师面前一套，老师背后一套的情况，在老师面前积极努力，回到家之后又是另外一个模样。

二、班级建设需要

二年级的孩子相对于一年级有了长足的进步，在班级中，小岗位各司其职的工作模式也容易让学生出现分化。有岗位、有职责的孩子在其中得到了极大的锻炼，内心对于班级的荣誉感增强，没有职责、没有参与班级管理的孩子，对于班级的认同感相对较低，无法很好地转变自身对于自我和集体的想法。那么如何加快学生的融入和加强学生对于班级的认同感，是二年级学生较为迫切的任务。

三、学校发展需要

玉律学校大部分的生源都来自外来务工人员子女，大部分学生在自我管理和部分能力上有所欠缺。因此，学校在学生工作方面需要细致化，提高活动丰富性，以多种形式来促进学生的全面发展。如果难以大刀阔斧地往前走，那么小步子慢慢前进或许是适合学校发展需要的。通过分小队的形式，让每个孩子参与到小队当中，以学校的大活动为基础，小队之间展开任务合作的小活动管理，在确保每个学生都能投入其中，丰富活动经验，提高学生能力的同时，对于学校施行的、有利于学生发展的活动也能更好地落到实处。

第一节　小队建设大智慧

黄珏敏

【学生阶段特征分析】

二年级是在组群竞争中培养合作意识和能力的有利时期。这是二年级学生发展的一个中心工作。伴随少先队组织的发展要求，建立小队，使学生真正成为组织中的一员，让学生经历和体验小队间的竞争和小队内的合作，使学生在小队集体中感受到竞争的快乐，不怕失败，使其合作意识和合作能力都得到提高。

小队建立之初，队员的合作意识和合作能力都比较欠缺，因此需要通过以合作为主题的班队活动（本次班会以队徽设计为活动载体）来进行具体的指导，使学生形成清晰的合作意识，明确合作的具体要求。

【活动实践】

升入二年级，我们班级号召大家组建小队，各小队为自己的小队起了队名，有了各自小队的口号。自组建小队以来，我们尝试开展了一些以小队为单位的活动，如进行常规的确定队名与口号、岗位竞选等，孩子们在这些活动中也表现出较高的积极性，与此同时出现的问题是：孩子们的荣誉感、表现欲还是停留在自己身上，还不能够关注到小队的荣誉、班级的荣誉。因此，在小队成立初期的组合阶段，我想通过共同建设小队文化来增强小队的归属感与文化认同感，本次设计队徽的活动是建设小队文化的一方面，这一活动做到了全员参与。

什么是队徽

当我把设计队徽的想法告诉孩子们的时候，他们一脸茫然。平时比较活跃的元浩同学当即就问："老师，什么是队徽？"确实，队徽对于二年级的孩子们来说是一个比较抽象的概念，所以我告诉孩子们可以借助网上资料查阅什么是队徽，或者留心观察生活中都有哪些标志。

孩子都是善于发现和学习的。很快，智慧小队的成员告诉我，说他们在学校大队部发现了少先队的队徽，炫彩小队的队员在网上下载了奥运会的图标。在班队活动上，孩子们兴奋地分享着自己的发现。

我问到："你们很善于观察，哪位队员可以告诉我，你们找到的这些图片标志都有什么特点呢？"各个小队成员在讨论之后提出标志在形状、大小、颜色等方面各特点，这些特点都是显性的。"我们要思考：作品的设计是否能与小队的名称相吻合呢？"孩子们再次进行讨论，但是新的问题又出现了，"在初建小队——想想我的队名"时，各小队经过商讨确定的队名有：梦想小队、希望小队、阳光小队、智慧小队、快乐小队、炫彩小队。而队徽的设计该如何与队名相吻合呢？孩子们久久商讨不出结果。但有了第一次主动查阅资料的经验，这一次孩子们开始主动探索发现：原来阳光可以用太阳、向日葵的图案表示；梦想可以用逆风飞翔的翅膀、热气球等图案表示；希望可以用刚刚破土而出的小苗或者是新生的嫩芽表示；智慧可以用发光的灯泡来展现；炫彩可以用不同颜色的花瓣或者美丽的彩虹来呈现；快乐则可以用开心的笑脸来表示。孩子们对自己这次的探索成果感到很满意，都非常积极地投入到活动中来。

队徽设计初尝试

对小队队徽初具印象后，各小队队员在小队长的带领下，将自己对队徽的理解用笔画了下来。看着孩子们的作品，我感到很惊喜——他们从一开始不知道什么是队徽，到现在可以把自己的想法通过绘画的方式呈现，孩子们的进步非常迅速。同时我也隐隐有些担忧——孩子们呈现的作品是一幅画，这仅仅只是一幅作品，而不是队徽。但孩子们的积极性才刚刚调动起来，为了给学生鼓劲加油，我邀请了美术老师李老师来为孩子们指导，在李老师的指导下，孩子们的作品各具特色，初步显示出了他们对自己小队队徽的理解。例如梦想小队的成员，有的队员用翅膀作为图标元素，有的队员用热气球作为图标元素，有的队员用飞船作为图标元素等。智慧小队则是用发光的灯泡、智慧树等作为队徽的元素。

我提问："同学们，现在大家呈现的都是你们个人对队徽的理解，但是队徽应该代表着整体，有什么好的办法可以将你们个人的作品融合成为小队的作品呢？

“我们可以共同设计一幅作品。”

“这个提议不错，只是大家就得需要再花时间重新画。”

“可以把我们现在的作品剪下来，选最好的图标拼在一起。”

“这个想法很有新意，值得一试。”

通过现场探讨，各个小队进行了新一轮的思考与讨论。以下为阳光小队讨论后汇报的内容。

我们小队的队徽是一个太阳笑脸，我们通过投票的方式选了四个同学的图标元素来拼装。方彦歆画的边框很漂亮，所以用它当队徽的形状；曾瑞琪画了可爱的表情，所以用它当太阳的笑脸；李子嫣画的向日葵用来当装饰；伍明俊画的圆形用来当太阳的光晕。我们队队员都很喜欢这个队徽。

下附各个小队设计的队徽图案。

虽然二年级学生自主策划活动的能力还比较欠缺，但是他们在“小队齐亮相”活动中设计自己小队的队名与口号时初步体验到小队合作的乐趣，所以他

们的积极性比较高。家长也介入到孩子们的活动中，在家长的协助指导下，各个小队成员利用周末时间制作自己小队的海报，为接下来展示小队文化做准备。在制作小队海报的过程中，孩子们学会了分工合作。如有的同学负责绘画，有的同学负责剪纸，有的同学负责写字等，通过活动体验到了合作的乐趣。

完善小队文化

在前期活动中，每个孩子都准备了自己设计的有关队徽的图标元素，各个小队也制作了小队海报。在主题班队活动上，各个小队需要做的就是通过商讨，确定自己小队的队徽图案，再把队徽图标粘贴到小队海报上，接着进行展示分享。

例如希望小队的队员在分享的时候把希望落实到平时的常规礼仪、学习要求等方面。我根据孩子们写的希望卡进行指导修改，编成了一首轻快的、朗朗上口的歌谣。希望小队的分享如下。

我们小队的队徽形象是一株正在生长的小苗，是新生的生命，它充满希望。我们希望：东西摆放好，排队静齐好，作业要写好，同学要友好，老师身体好，学校更美好。好！好！好！队员雨乐说：虽然平时我们有很多地方做得还不够好，比如物品不能摆放整齐，作业书写不够认真，但是我们希望每一位同学都能够努力做好，慢慢进步。

在活动实施过程中增加了小队合作交流的环节，目的是让孩子们通过共同商讨确定小队队徽的图案，从而完善小队文化，丰富小队文化内涵；同时通过共同建设小队文化，增强小队的归属感与文化认同感。

主题活动结束后，孩子们自由畅谈本次活动的收获。有的孩子提到开展这样的活动很开心，因为大家可以聚在一起玩与学习；有的孩子也提出了自己小队的困难，例如有的同学由于要上培训班或者家长没时间等原因，没办法参加小队的活动，人员难以聚齐；有的小队的相聚时间难以协调统一……所以我也在思考，是否可以将部分节假日的小队活动移至课堂中？这还需要后续深入探讨。当然值得肯定的是，通过本次活动，既培养了孩子们的合作精神，也提高了大部分孩子的语言表达能力和动手操作能力。

【教师自评】

孩子们从本次活动中切身体验到了小队合作的乐趣，培养了小队合作的意识，同时小队长的领导力在慢慢凸显。通过本次活动，孩子可以得到以下的成长领悟。

1. 真实的选题

班队活动真实的选题应该追求教育的长效性，着眼于学生的终身发展，具有前移后续性。本次设计队徽的班队活动是符合二年级学生的发展需要的，学生从一开始并不知道队徽是什么，到通过查阅资料了解队徽的知识，再到设计自己小队的队徽，在这一系列活动过程中，学生的学习能力和沟通交往能力都得到了一定的提升。

2. 真实的过程

班队活动的过程是师生交往、多向互动、动态生成、共同发展的过程。在开展本次班队活动前，每位孩子都设计了一幅自己小队队徽的图案，例如阳光小队的队员，有的画太阳，有的画向日葵；梦想小队的队员，有的画翅膀，有的画飞船。每一幅图案都蕴含着孩子对自己小队队徽的理解和思考。

在本次班队活动课上，每个小队都要通过交流、探讨，最终确定一个图案作为小队的队徽，在交流探讨的过程中，学生你来我往，一次又一次的对话，都是一种积极的正向合作。

3. 真实的体验

在这一活动过程中，学生对队徽的概念从模糊到清晰，从不会做到完成成品，每一位孩子亲历了整个活动，都产生了愿意参与活动，自我发展的需要，因为孩子在合作中体验到了合作的乐趣，我想这或许就是真实的班队活动的意义所在。

《学生发展与教育指导纲要》中指出：二年级是在组群竞争中培养合作意识和能力的有利时期，这是二年级学生发展的一个重要特点。所以在日常的班级组织文化建设中，我们要扎实活动的过程，让孩子从活动中去体悟合作的乐趣，这样孩子们才能真正有话可说，才能更好地表达自我。

第二节　文化凝聚显个性

周海利

【学生阶段特征分析】

二年级是在组群竞争中培养合作意识和合作能力的有利时期。根据二年级学生的发展特点，需要建立小队，培养学生的合作意识和合作能力。小队建立之初，学生的合作意识和合作能力都比较欠缺，因此需要通过活动让他们感受合作的重要性，让学生形成清晰的合作意识，明确合作的具体要求。

本班大部分学生的性格比较内敛、不爱表现自己，班级主人翁意识淡薄，整体比较散漫。也有十几个孩子在语言表达和与小朋友相处时存在困难。他们需要更多的平台来锻炼自己，以获得更快的成长。开学之初，我们班已经成立了小队，并逐步开展了“小禾苗 Show”系列活动，为学生提供了更多展示自己的舞台。小队成员之间比较熟悉但并不是很认可，所以需要让各小队共同完成一件事，培养队员之间的合作能力，体验小队合作的快乐，从而增强小队的认同感和归属感。我们通过班级文化建设活动“小队角、大智慧”，一方面检验小队的建设发展情况，另一方面通过展示小队风采，增强小队的认同感和归属感。

【活动实践】

我的队角我做主!

已经开学两个月了，在全体师生的共同努力下小禾苗班级文化日益凸显，孩子们的精气神也逐渐得到了改善。班会上我和孩子们交流：“我们已经成立了小队，并且有了自己的队名、口号，还通过小队齐亮相展示了各小队的风采，之后我们还可以做什么呢？”很快，学生发现我们班的图书柜除了有三格放书之外，其余都空着，既浪费又不美观，于是在班会上有人提议不如让每个小队承包一格，交给每个小队去设计、装饰，成为每个小队的队角，用来展示各小队的文化特色。孩子们兴趣浓厚、喜悦之情溢于言表。为了让孩子们更清晰活动的方向，我在班里说明，人人都要参与，装饰完成后由各小队的同学用自己喜欢的方式（可以是小品、唱歌、跳舞、三句半等形式）向全班师生介绍各自的小队文化。然后由全班学生一起评出小禾苗中队的最美小队角。获选小队可以选择时间和老师共进下午茶。孩子们兴趣浓厚、纷纷参与。

1. 小队齐策划

我们班有六个小队，各个小队都有自己的队名、口号。在此次评选最美小对角活动开展之前，我们班还开展了两次中队活动。一是各小队一起讨论如何布置自己的小队角并商量好如何分工；二是各小队讨论出评选最美小队角的标准，然后全班交流确定评价标准。

2. 小队齐排练

各小队一起商量如何将自己小队布置的小队角展示给全班同学观看，然后各小队找时间排练。在此过程中，我会介入指导，表演时要结合自己的小队文化特色，将小队角布置的过程真实地演出来，遇到困难是怎样解决的，表演要自信大方。

队角展示我参与！

经过前期的精心筹划，各小队的队角已经布置好了。每个小队都想出了不同的形式来呈现各自的队角文化，在班队课上各小队展示介绍自己的小队角。

提醒各小队同学注意啦！在听小队汇报时每个同学要思考两个问题：一是，你最想给哪个小队点赞，为什么？二是，根据他们的汇报你有没有问题或是建议。

接下来六个小队分别上台展示汇报小队角的文化。下面是追梦小队的展示片段。

新闻播报追梦小队：

主持人 1：亲爱的观众朋友们大家上午好！欢迎收看小禾苗电视台。

主持人 2：现在是 2048 年 10 月 30 日，时间已是 30 年后。

主持人 1：玉律学校二（1）班追梦小队的同学们都实现了自己的理想，请看！

主持人 2：现在向我们走来的两位是人民教师。

主持人 1：这位是有名的警察。

主持人 2：眼前这两位是明星。

主持人 1：这位是科学家。

主持人 2：这位是消防员。

（上面走台的学生展现出各种职业角色的特点，走完台就站回自己的位置。）

两位主持人齐声说：我们也实现了自己的理想，成为了一名主持人。

所有学生齐声说：我追梦、我努力、我实现、我快乐。

两个男生走到前面：请看这一格是我们布置的小队角，这里摆放的都是我们的理想，它时刻提醒我们要努力。

所有学生齐声说：我们的汇报完毕，谢谢大家。

接着六个小队依次出场，分别用不同的形式展示各小队的小队文化。有唱歌，有小品，还有三句半。给大家印象最深的是快乐小队，他们用情景剧的形式将小队在布置文化角和排练节目中遇到的困难展现出来，并且演出了快乐小队是如何解决困难的，在这个过程中收获了什么。

“最美队角”我来评！

六个小队都已经展示汇报了各自小队的文化特色。同学们在观看的过程中也做好了记录，现在请各小队讨论并交流你们小队最喜欢哪个小队角，为什么？想对哪个小队提出问题或建议（可以是点赞的，也可以是质疑的），然后全班交流。接着各小队再次展开 3 分钟讨论，想一想将“最美小队角”的票投给哪个小队，然后把你手中的大拇哥贴在他们小队名称下。

通过六个小队的投票，获胜小队是快乐小队。同学们一致认为快乐小队的同学们最团结，并且在小队汇报的过程中把他们遇到的困难和解决困难的整个过程用小品的形式展现出来，非常精彩。

之后是小队谈感受环节。

首先是获选“最美小队角”的小队派代表讲获奖感言，接着其他的小队也谈了自己的感受。

快乐小队的队长上台领奖时非常自豪，双手高高地举起奖状，他说：“我们快乐小队的同学这次能获胜是因为每一个人都很努力，遇到困难的时候我们团结一心，一起想办法，我们以后一定会做得更好”，之后快乐小队的同学一起上台合影，留下美好的回忆。

【教师自评】

本次活动是小队成立之后的第一次集体活动。孩子们都非常开心，纷纷表达了对活动的喜欢。通过此次活动，提高了小队的合作能力和沟通能力，也增强了小队队员的认同感和归属感，同时大大提升了孩子们的自信心和语言表达能力。各小队遇到问题时也会想办法去解决，小队长的领导意识逐渐凸显。

整体来看本次活动还是比较成功的，如果以后再开展类似的活动我会更加注意以下两个方面：一是聚焦到小队角，侧重挖掘活动过程中的资源，小队角文化是怎样形成的，在小队角布置的过程中遇到了什么问题，小队是怎样解决的，收获的是什么；二是要有学生立场。

课堂上孩子在评价其他小队时，大部分都是从声音大小、是否积极等外观因素来评价，所以学生在汇报前教师就要充分了解每个任务和要求是否超越了学生的能力，评价标准是否可以更明确。

第三节 活动成长真欢乐

陈菲凤

【学生阶段特征分析】

二年级学生已经在第一学期初建立了小队。在日常的小队活动中，队员们逐渐找到了自己在小队中的角色和归属感。小队的建设需要以活动为载体，在活动中达成良好的默契和取得更大的进步。在这个学期中，小队往往以学习常规或班内活动的形式存在，已经有了一定的小队分工与合作基础。为了做好与三年级小队生活的衔接，这个阶段的小队要更加关注活动本身带给队员的成长体验和合作乐趣。因此，在寒假生活中，想让小队完成“远程”的交流与学习，推动小队更好地发展。通过春节前后的“春结”活动，让队员们在实践中真成长，在小队中乐成长。

【活动实践】

当“春节”遇上了“春结”

冬日悄然来临，这几日，我明显感觉到课间“耳根清净”了许多，琢磨了一下，是孩子们“到访”办公室的频率少了。按照以往，来打小报告的、来兑换奖章的、来解决矛盾的，办公室里总是熙熙攘攘。我漫不经心地出门瞄了一眼，发现教室走廊里也少了孩子们奔跑的身影，教室里也不似往日吵闹，如此“安静的世界”竟让我有些不太习惯。经过观察，我发现了一个有趣的现象：孩子们正三五成群地凑在一起“切磋”编绳技巧，玩得很开心！我恍然大悟。

五彩的绳子，多有趣呀！各样的成品，多漂亮呀！我似乎也有一段编绳子的童年记忆，为什么不跟孩子们一起成就童年编织的乐趣呢！刚好我们年级正在策划孩子们的寒假实践作业，何不将这种孩子们喜爱的绳艺编织转化成一种教育资源呢？于是，我把这种现象和想法与同年级的班主任们交流，得到了他们的一致赞同，认为寒假可以将手工编织作为一项特色实践作业。

确定好主题之后，我在思考，这次活动能挖掘出哪些育人价值呢？我试着从这几个方面进行了思考。首先，从队员们发展的角度来讲，寒假不仅是轻松快乐的“我做主”时期，更是教育生活的延续与发展。从时间的维度看，它包含了一个传统节日——春节；从空间的维度看，队员们的活动区域从班级和学校走向家庭、社会。其次，从传统文化的传承角度来讲，手工编织虽多在民间，但很多已不常见，尤其是会编织的人越来越少。孩子们的这些行为引发了我的思考：能不能在为传统手工艺术的传承和为激发孩子们对传统文化的兴趣方面做一些尝试呢？加之我校是一所以艺术为教育特色的小学，能够为传统艺术在校园大放异彩提供足够的技术和平台支撑。对此，我和孩子们一起对寒假作业进行了规划。

其乐融融赏“春结”

结合二年级孩子喜欢动手、好奇心强的特点，我对本次活动的育人价值做了如下思考：以中国传统文化的传承为主线，利用寒假特别是春节前后的时间，开展“五彩缤纷过春‘结’”手工实践活动，旨在引导学生对“中国结艺”这一传统工艺门类产生积极的兴趣，传承民族传统工艺。通过组织队员们设计编织“中国结艺”，培养他们的综合实践能力。

为了能够让活动在春节假期进展顺利，我利用班队会课的时间组织队员们为寒假手工作业做准备，首先借助 PPT 以图文并茂的形式为队员们介绍“中国结艺”文化，并播放相关结艺画图和编织视频。队员们通过观摩学习，了解“中国结艺”文化及中国结设计与编织的基本方法。我推荐队员们可以自己在家练习。

我还与美术老师做了沟通，利用美术课的时间，让心灵手巧的美术老师带着队员们初步接触“中国结艺”的基本材料和基本方法，并能徒手制作出简单的结艺样式，如平结、十字结、平安结、蛇结等，大家可以相互交流、帮助，并在日记本上记录自己对手工结艺的最初印象和实践感受。

“中国结艺”的课堂渗透极大地激发了队员们的编织热情，从之前口耳相传的一两种样式，到可以编织出各式各样的基本结。队员们分成小队，每个小队学会一种基本结，再由小队之间在课间相互交流学习，从中学会更多的样式。这样既锻炼了队员们的团结协作能力，又促进了队员们的口头表达能力。

欢天喜地做“春结”

本学期结束前一周，队员们在爸爸妈妈的协助下，提前准备好了手工结艺的相关材料，如彩绳、垫板、按扣等，这样假期一开始，队员们便可以动工啦！队员们通过“中国结艺网”等在线学习网站，边观摩边练习，并及时在阶段成长卡上记录下自己的学习进展和收获体会，为了便于队员之间的学习交流，班级还以小队为单位建群答疑解惑。

当然，手工编织“春结”并不是一件容易的事，需要队员们有耐心、细心，掌握基本的结法，只要入了门，后边的重复工作就很简单了。因此，编好第一个结很重要。我也对队员们进行了提示：能学会几种样式的结，就能融汇贯通其他样式。如果你有困难，那么可以选取一两种你能做到的结即可。在这样的标准下，队员们几乎都能做出让自己满意的成果，无论成品如何，我都在班级群上大力赞赏。

中国结是中华民族的传统艺术，寓意十分美好，我鼓励队员们热情送出自己的手工祝福，春节前后可以把自己编的中国结送给亲人作为新年礼物，并拍照留念发到 QQ 群分享。开学初，每人也都为同桌赠送了一个中国结作为拜年礼物。很快，春节期间，班级 QQ 群有了与往常不同的热闹。

“我送了一个红色中国节给奶奶，她可高兴了，这是我第一次送出这么特别的礼物。”

“我给老家的好朋友送了两条亲手做的彩色手链，他们好开心呀，我还教他们做手链。”

“爸爸妈妈和我一起编中国结，我们把做成的各种样式的结挂在家里，可喜庆啦！”

看到孩子们对自己的劳动成果和新春祝福感到如此喜悦，我也发自内心觉得这个活动真是美好。

五彩缤纷秀“春结”

很快，寒假就结束，队员们带着“春结”返校，我们还可以做什么呢？

对！我可以引导队员们通过编织“中国结艺”将自己内心的“美”表达出来。开学初，各班开展了五彩缤纷秀“春结”的班级活动和年级活动，评选出了“参与奖”“编织小巧手”和“创意小达人”。凡是能通过自己努力编织成功的队员均可获得“参与奖”，能在数量上和质量上略高一筹的队员可获得“编制小巧手”称号，能在“春结”形态上表现与众不同和蕴含某种自己创作理念的队员可获得“创意小达人”称号。在班级交流、评选之后，我们又挑选出了各班的优秀代表和作品到各个班级进行相互介绍、交流，队员代表们大方表达自己的参与感受，积极与台下的队员互动。

为了能够扩大寒假作品展和“春结”的影响力，各个班级筹划在学校进行多样展示，将这种传统艺术的美表现出来。首先，我们收集了各个班级的优秀作品，制成了视频动画，并配解说，在全校各班教室门口的电子显示屏上进行展播，同时也在学校的“小美玉舞台”上进行播放，“图说中国结”便成了一时风靡校园的话题。其次，在班级门口的展板上贴上队员们在暑假完成“春结”作品的过程和感受，展示形式为手抄报、日记、图片等。此外，我们还将五彩缤纷的中国结、手链等挂在学校花园的凉亭和长廊上，为校园增添一种喜庆的氛围。只要来花园的队员们，远远便能看见在风中摇曳的各种“春结”。

“春结”里的七彩童年

在后续活动中，为了进一步传递“春结”的力量，我们趁热打铁，结合学校财经素养课题，在学校举办了一个微型义卖活动，将队员们编织的中国结、手链等进行展出义卖。我们将各个小队进行分工，引导他们组织策划活动。活动当天吸引了很多学生前来参观，现场不仅有介绍作品的学生，还有教编织的学生，场面非常热烈。最后，我们将义卖所得 112 元进行了爱心捐赠。在这个活动中，队员们增进了与各个年级队员之间的对话，同时锻炼了活动组织、协调能力，并激发了内心对他人的关爱之情。

“中国结艺”看起来美丽精致，但是想要编出一个好看的中国结，需要有一定的耐心和恒心。从队员们寒假分享出来的视频可以看出，“小巧手”们真的潜力无穷，原以为他们做不到的，他们却认真地完成了。从他们成长卡上的记录可以得知，他们一开始都碰到了不同程度的困难，可后面都一一克服了。看到他们带回来的五颜六色的中国结、平安结、纽扣结、手链等，相互赠送，特别是挂在学校的小亭子上做装饰，让我觉得这个寒假是五彩的，校园是五彩的，童年是五彩的。

【教师自评】

一、注重活动的多元价值

本次“春结”活动，我尝试从多个育人价值的角度进行思考，希望能够通过这样的活动，让队员们在不同方面获得不同程度的成长。从学校的层面，作为艺术特色学校，希望能够在传统艺术方面贡献一点力量；从队员的层面，则希望他们能够从小养成耐心、专心做好一件事的习惯，学会在困难中找到解决的办法，学会分享、交流，懂得感恩、奉献爱心。

二、注重活动的前移后续

活动看起来美丽，实际上对于二年级的队员来说还是有一些难度，毕竟需要他们把普通的游戏往传统文化的角度深入。在整个活动中，阶段性的活动要求是要跟队员明确的，还要隔一段时间收集、反馈队员们的作品进展。在活动后期，我们还要进行进一步的思考，挖掘队员成长的多元价值，真正做到活动前移后续促成长的目的。

三、注重家校时空的联合

家长对低年级段孩子的实践作业的教育付出不可忽视。老师布置的作业，不能单纯地推脱给家长，这样可能会存在目标与要求上的偏差。所以，在前期活动中，我们一定要多了解、反馈队员的作业进展。有了作业作品的良好生成，后续的活动延伸才能发挥最大的作用。家校合作，合的是各居其位，各有其用。

第四节 能力提升展风采

何伟英

【学生阶段特征分析】

四月的玉律学校校园，春意盎然，红的杜鹃花，绿的芭蕉，都在绽放着自己的美丽。孩子们也像极了这静园里的小花小草，可爱美丽地在这春日里茁壮成长。二年级的苗苗们经过了一年的成长，从具有独立的个体意识转变为班级或小队集体意识，而且二年级是在组群竞争中培养合作意识和能力的有利时期。

通过一年级各种各样的小组活动，他们已经形成了“我们”的感觉。尽管小组成员间还缺少真正的合作与互动，但他们已经表现出一定的集体意识，他们开始将自己放在群体中。同时，伙伴的力量对学生行为的影响很大。集体感的产生使他们更加愿意培养自己的集体意识。

二年级学生具有合作倾向和合作能力，愿意帮助别人；具有岗位工作能力，而且能对自己承担的工作负责；能够公正诚实地评价自我和他人；能够以积极的方式面对竞争中的失败，从失败中发现自己的不足。

二年级的小队建设是在学生适应学校生活后进一步发展的需要。因此，我们利用了小队合作的形式，以草木探究为载体，开展了苗苗们的草木风采秀活动。

【活动实践】

一学年以来，我们以小队的形式开展了许多班队活动和年级活动，比如日常班级活动的优秀小队评比、语文学科活动的诗词大会、快乐六一的苗苗年级我行我秀等一系列活动，从班级到年级，美玉草木风采秀活动都是以小队合作的形式开展的。小队成员们在各种各样的活动中增强了小队凝聚力和小队荣誉感。特别是在这次美玉草木风采秀活动中，小队成员们都得到了成长。

美玉草木风采秀活动旨在通过小队的前期策划、实践活动、展示交流，让孩子们学会在小队合作中相互帮助、解决困难。通过草木风采秀这一活动，一方面让孩子们亲近大自然，了解和探究校园里的植物，并懂得爱护草木；另一方面在动手制作草木集的过程中懂得在小队中相互交流合作，互帮互助。同时在美玉草木风采秀的展示活动中，通过全年级优秀小队风采秀的展示，增强小队的仪式感和认同感，学会欣赏他人，懂得小队合作的重要性。

我们都是小小探究员

前期，孩子们通过小队策划、分工、合作，确定了活动的地点、时间、形式和路线；活动通过在玉律学校的静园实地探究草木，现场采访花工爷爷、师长，了解与植物相关的知识；活动后上网查资料，了解更多草木植物知识。此外还通过“我们都是小小探究员”活动，请教科学老师关于植物的小知识；通过“我们是大自然的小画家”活动，请教美术老师制作更加精美的美玉草木集册；更通过小队合作，给每一个植物取独一无二的名字、创编有趣的草木儿歌……

带你认识美玉草木

小队通过团队合作，一起探究了玉律学校校园的植物，孩子们找不到其他小队探究的植物在学校的位置，于是，在老师的引导下，各小队赞同制作一张玉律学校校园的美玉草木地图，并在地图标注每一种草木的位置，只要对照此地图就可以找到该草木的位置。小队在讨论过程中还认为应在地图上制作植物小徽章，用于贴到草木地图上，并给各种草木起一个别出心裁的好名字备注到地图上。老师负责发动全年级，将地图丰富起来，各班各小队再制作一册《美玉草木图鉴》，通过该手册告诉大家，玉律学校的花有这么多，玉律学校的春天有这么美。

队员们不仅创作了《美玉草木图鉴》，还一起策划了美玉草木风采秀。活动过程中，各个小队都在努力以最有创意的方式呈现自己所研究的草木。有的小队编谜语，有的小队唱童谣，还有的小队讲故事。总之，各个小队借助家长这个智囊团利用课余和周末的时间，组织队员们在队员家里、在玉律广场、在学校等场所集训，每个队员认真准备，都在为评选优秀小队晋级参加学校的年级草木风采秀活动而积极努力。我们班的队员们在准备活动的过程中也遇到了很多困难，有的孩子周末报了各种兴趣班，没有时间参加小队训练，有的孩子比较任性，在训练过程中遇到一点不顺心就发脾气，跟队员闹别扭。正是因为这样或那样的困难，队员们通过内部不断相互协调和沟通来解决问题，才有了更多的成长空间。

美玉草木风采秀

6月6日，玉律学校二年级美玉草木风采秀活动在绿茵茵的足球场顺利举行，全年级各小队成员兴致勃勃地戴上亲手制作的草木载体，为我们呈现了一场精彩纷呈的风采秀：有的是色彩缤纷草木帽子；有的是可爱的手环草木；有的是奇特的草木服装……接着，各班的优秀小队代表在此盛会上分享美玉草木活动中小队的成长。如二（2）班展现的是一只只小孔雀手持纸扇，迈着轻盈的舞步向我们展现纸扇上画的草木朋友——凤尾竹、千日红、千年木、非洲凌霄、芒萁、菊芋，并用优美的舞蹈来向大家展示《月光下的凤尾竹》。二（4）班的小队伴随着节奏欢快的快板声唱起了班级小队创编的草木儿歌，每一首儿歌都有小队合作探究的故事，既有创意又很有趣！二（1）的小队将了解到的草木文化创编成一个个谜语，小队成员们自信大方地与全年级成员互动交流猜谜活动，猜中的成员可以得到二（1）班同学自制的美玉草木书签，书签制作精美，不仅有图画，还有关于草木的知识介绍。二（5）班的小队演绎了情景剧《齐心成蝶》，在植物朋友的齐心帮助下，小蝴蝶终于重新长出了翅膀，回到蝴蝶王国。这些活动让小队成员知道遇到难题后，只要大家齐心协力，互相帮助，困难就能迎刃而解。二（3）班的小队穿上了自制的美玉草木服装，化身成了草木朋友，小队不仅把美玉草木活动的成果“秀”了出来，还朗诵了《咏柳》和大家分享。

二年级的五个中队都作了展示，活动过程中队员所展现出来的语言能力、现场反应能力，以及能唱会跳，会写会画的才艺让现场参加活动的专家、同行老师、家长们都赞叹不已。尤其是两位主持人当中的男主持，原本是我们班的张晓华同学，本来准备特别充分，可是活动前一天因为流感发烧而临时请假，不得已又找了另外一个同学顶上，只有一个晚上的准备时间，但是出乎意料的是临时替换上的主持人，由于前期的认真准备，一点儿也不怯场，表现非常沉稳。这是整个活动中我收获到的最大惊喜。

【教师自评】

（1）在这次班队活动中，队员们以小队的形式参与了活动，从前期的策划到小队合作商量决定研究草木品种、研究场地，展开了热烈的讨论。在探究草木过程中，小队成员们周末相约一起看书、上网查资料、一起做手抄报，队员们的归属感和凝聚力得到不断增强。最后，通过班会展示评选出最优秀小队参加年级的美玉草木展风采活动。在一轮又一轮的小队活动中，孩子们刻苦训练，此次活动既培养了小队合作意识和沟通能力，又培养了语言表达能力和动手实践能力，实现了小队共同合作完成任务的小目标。

（2）美玉草木秀班会活动需要每个小队展现自己所研究的草木，并且要用最有创意的形式呈现。我们一共有六个小队，每个小队呈现的风格各不相同。有的用海报，有的用歌谣，有的用扇子，有的用书签，有的用谜语等，每个小队呈现的节目都凝聚着集体的智慧，实现了小队合作创新。

（3）孩子们在舞台上闪闪发光的样子，真的是美极了。这种经过克服重重困难、利用课余时间反复训练、努力争取之后所获得的成就感才无比珍贵。经过了这种历练的孩子一定能够更加从容地面对生活中和学习上的困难。这是课本上学不到的大智慧。

系列活动重建回顾

【成效体现】

自我中心到团队荣誉

二年级的班级建设重点是小队建设。通过小队的建立，帮助学生从“我自己”转变成“我们小队”，学生在老师的指导下，承接任务，让每个学生在小队中都有自己的职务，在日常生活中共同维护小队的运转。在任务中，教师指导学生如何去分配任务，让学生承担不同责任，在小队长的组织下，学生共同协作，做好相关的活动准备，一起参与到班级层面的成果展示中。通过团队活动，体会合作、协商的重要性；通过汇报或者竞赛活动，增强对自己所在小队的归属感与热爱。一系列的小队活动，加强学生与同伴的友好交往，也让孩子发生了从“只要我好就可以”到“不能因为自己给小队扣分”的转变。

简单命令到共同制定

在小队建立之初，因为小队长的管理能力有待提高，以及队员对小队认同感不足，学生对于队长的命令，更多是基于教师的权威和赋予小队长的权力，往往会缺乏主动性。在小队开会时，队员抬杠等情况时有发生。而在小队管理过程中，教师都会适时参与其中，并且注重对小队长的管理指导。其中，通过小队长组织队员，根据小队情况，制定小队规则，每个学生都有表达自己诉求的机会，通过民主、平等、公开的方式制定小队规则，形成了共同认同的小队文化，增强了学生对于规则的认同感和服从心理，形成相互监督、自我提升的习惯。而小队长工作的展开，也因此变得有规可循、有规可依。

【理性思考】

1. 小队合作的发展：机械小队到个性小队到特色小队的发展

建立小队对于二年级学生的成长意义重大，但是机械地建立小队，对于学生而言作用是有限的，无法促进学生内在自我成长。在实践的过程中，我们也发现，小队对于学生成长的促进作用和小队的发展深度是直接相关的，我们也设计出小队的发展线路，从机械小队到个性小队到特色小队。

个性指的是个人的精神面貌或者心理面貌。很多班级的小队的发展，都停留在个性小队的层面，他们有自己的小队规则、共同的小队目标、口号等精神文化，对于自己的小队有认同感，小队发展往往到此就开始遇到发展瓶颈，难以继续进步。通过对多个班级的实践观察发现，每个小队都有自己的小队文化，但是他们的小队文化都是围绕班级文化发展的，由于二年级的思维深刻性还有所欠缺，在班级大文化的前提下，小队文化也逐渐趋同。

更深层面的小队发展，需要老师积极参与，引导学生发现小队内的同质以及小队之间的异质。每一个小队已经有以班级文化为底色的小队文化、小队个性，接下来，就是要发现每个小队队员的特质和每个小队的特殊性，指导学生抓住自己组内趋同，组别之间特殊的能力点，往纵深发展，形成小队特有的，区别于其他小队的小队传统和文化，形成初步的特色小队。

2. 班级规则制定的发展：小队合作的认同到班级文化共同创建与丰富

如果说，每个小队的发展都是班级发展这个作品上浓墨重彩的一笔，那么班级精神文化就是这幅作品的底色。在隐形的班级文化影响中，小队的合作、发展都会受到班级文化的影响，比如班级以书香为特色，那么孩子们的小队活动开展都能寻觅到书香班级的影子，而在小队文化制定、小队发展的过程中，其实就是学生对于班级文化的一个自我内化之后，在小队中的进一步分享和交流。

而在这个过程中，老师不仅要引导学生找到小队的特色发展方向，同时也要找到小队之间的相通之处，做到班级一条主线和小队特色发展，以班级文化引领小队发展，以小队发展丰富班级精神文化。

我们希望通过一系列的小队活动来培养学生的合作意识，包括小队的合作，制定共同的小队规则。在学习的过程中，孩子们要从一年级的自我主义中心慢慢转变，学会商量与妥协，从单向的帮助关系，逐渐向双向的帮助关系发展。

同时，在小队合作的过程中，发现学生的潜能，培养学生的自我管理能力和领导能力，为后续三年级开展大队委工作做好人才的输送。

第三章　我的班级我做主

小学三年级的学生，正处于自我意识发展的新阶段，在日常生活中，体验过合作与竞争之后，让学生对于“自我”和“集体”的认知有了新的评价标准。借助一年级的岗位设置和二年级小队生活的活动基础，三年级的学生参与班级建设的愿望越发强烈，同时，他们遇到的难题，直接反映了学生的成长需求。如何加强小队间的合作与交往，建构班委管理下的班级组织，培养小干部的策划能力，实现班级与学生的共同发展，对此我们提出以下问题。

1. 如何让学生有效承担集体管理责任

当低年级的岗位运作不能满足学生成长需求时，在三年级建立班委，以期通过班委功能，达成共同完成班级活动和班级管理的目的。学生活动热情高，却缺乏工作的策略和方法，如何有效承担集体管理责任，具有了新的实践意义。

2. 如何实现岗位组建设发展

随着学生的成长，以前的班级岗位变得简单，缺乏挑战，学生难免会对岗位产生倦怠，这就需要拓展他们的岗位空间。岗位建设需要带来新的挑战，提升岗位工作的效率。

3. 如何丰富班级文化建设空间

当班委形成自主管理后，班级特色开始显现。学生个体与班集体之间，需要找到一个很好的平衡点和连接点，在参与班级新文化建设的过程中，实现班级文化建设空间的拓展。

4. 如何在活动中挖掘教育功能

学生是学校焕发生命活力的主体，在实践活动的推进中，挖掘教育资源，捕捉学生成长的契机，才能引领学生走向新的发展阶段。

第一节　班委竞选我做主

徐　英

【学生阶段特征分析】

三（3）樱桃班是我本学期新接的班级，通过问卷调查、茶话会，心愿卡、班级日记等形式，让我对孩子和班级有了初步的了解。大部分的“樱桃”娃娃对自己表现出强烈的自我肯定和自我主张；一部分孩子善于思考，但参与班级活动积极性不高；还有少部分孩子由于暂时在学习方面有困难或各种各样的原因，在某个方面可能不如别的孩子，对自己评价稍低。

本次我们围绕“班委竞选”，进行了重组岗位组、制定选举规则和评选标准、制作选票、竞选环节设计等活动，让“亮眼”的孩子学会在竞争中合作，在合作中公平竞争；激发自我评价低的孩子大胆参与班级活动，并为自己发声；让每一位孩子都积极地融入到竞选的各个环节，通过班委评选，激发学生参与班级事务的热情，加强为集体服务的责任感，提升岗位组工作质量；在亲历民主投票评选的过程中，深化民主意识，享受民主评选的快乐。

【活动实践】

班委到底要怎么选？

以往的班干部是通过举手表决，少数服从多数的方式选举出来的。这次班委竞选跟以往又有什么不同呢？

选举前，我给孩子们简单介绍了我国由广大人民群众选举代表参政议政的法律——《中华人民共和国全国人民代表大会和地方各级人民代表大会选举法》，介绍选举的一般流程，了解选举与被选举的权利与义务。孩子们自然而然地想到把这些选举的流程用到本次班委的竞选活动中，并很快制定出本次班委竞选流程，包含选举候选人、制定竞选标准、制作选票和评选记录表、现场投票和就职仪式五项。

选出班委候选人

本次竞选的目的是选出学习部、生活部、文体部和礼仪部的当家人。候选人的选举分成两轮进行。第一轮海选，孩子们通过自荐和他荐的方式进入海选，每个部门产生八位候选人；第二轮竞选，每个部门会产生两名班委。

在第一轮海选中，候选人准备了演说、唱歌、诵诗、跳舞等才艺，十八般武艺轮番上阵，各显神通。其中文体委员的竞选给大家留下了深刻的印象。当时八位候选人参加文体委员的角逐，其中苏敬婷和舒子轩两位同学都是拉丁舞爱好者，在竞选准备阶段，他们俩在班上组织了一支拉丁舞小队，教同学们跳拉丁舞。他们邀请整个拉丁舞小队一起上台表演，两个竞争者变成合作者，不但展示了自己的特长，还教会了其他同学，获得同学们一致认可，最后两人以全票通过的成绩进入文体委员第二轮竞选。

受到他们启发，在第二轮竞选中，班委竞选人各自成立了粉丝团，通过开展各项活动来争取选票，支持自己拥护的候选人。

制定选举标准

在一般的班委竞选活动中，被选举者（竞选者）备受关注，剩下没有参与选举的同学除了在最后的投票环节有参与外，好像其他时刻都跟他们没有关系。班级班委选举成为少数活跃孩子才能参与的活动。事实上，班委选举出来的班干部是为全班服务的，选择活动和选举工作是否能开展顺利，有赖于全班同学的支持与合作。

为了让所有的孩子都投入到班委选举活动中，让每个孩子都能体验选举与被选举的义务与权利，我们在正式选举前，开展了“我们的班干部”吐槽大会，大家畅所欲言，讨论自己心目中理想班干部应该具备的特点，最后总结出“樱桃”班级班委竞选的“四心四力”基本评选标准，并依据各部门需要，增添了部门竞选特别细则。

四心：

进取心：改正缺点，发扬优点，不断进步。

爱心：主动帮助他人，服务班级。

恒心：持之以恒，坚守岗位。

虚心：尊重同学，听取意见。

四力：

学习能力：扎实的学习基础。

合作能力：团队合作、管理班级。

管理能力：策划、组织各项活动。

沟通能力：团结同学，发现问题及时沟通。

下表是竞选学习委员的特别细则。

竞选学习委员特别细则

评价项目	评价内容	分值	评分
成绩方面	各科成绩必须在 A 级以上	10	
表达方面	平常发言要积极，能充当同学的小老师	10	

续表

评价项目	评价内容	分值	评分
脾气方面	不乱发脾气，不嘲笑同学	10	
合作方面	（1）协助课代表完成收发各科作业 （2）向任课老师反映同学们在学习中遇到的难点，向同学们转达老师的指示	20	
总计			

学习委员竞选不但要满足“四心四力”标准，还十分注重学习委员与他人合作和交往能力的考核。我们把各个部门委员选举的标准贴在教室后面的文化墙上，让同学的选举有可量化的参照标准。

设计选票和评选记录表

海选过后，四个部门共 11 人进入第二轮竞选。为了让选举人能及时记录被选举人（竞选者）的情况，做出合理的判断和选择，孩子们想到制作评选记录表，并精心设计了选票。班级的每位同学人手一张选票和记录表，如下表所示。

学习部选票

序号	选举人	学习部 被选举人			礼仪部 被选举人		生活部 被选举人			文体部 被选举人			
		石若菡	王鸿铭	刘淇涵	鹿海涛	沈义涵	韦李东	曾子芸	黄盛豪	杨子乐	施乐颖	何宇晴	
1	刘蕊												请根据部长竞选标准，投上您宝贵的一票。
2	张羽斐												
3	聂怡												
4	黄宇轩												
5	彭奕彤												
6	江俊华												
7	王佳欣												
8	曹榆茂												
9	陈辉												
10	徐宗尚												
11	罗雨晨												
12	石若菡												
13	王鸿铭												
14	刘淇涵												

评选记录表

部门	被选举人	记录内容
学习部	石若菡	
	王鸿铭	
	刘淇涵	
礼仪部	鹿海涛	
	沈义涵	
生活部	韦李东	
	曾子芸	
	黄盛豪	
文体部	杨子乐	
	施乐颖	
	何宇晴	

我们民主来参选

经过前期的策划与准备，我们班迎来了“我们民主来参选”班会活动。班长助理曾子芸同学宣布活动流程：回顾各部门竞选标准—候选人总结部门活动—现场问答—投票—颁发聘书—宣誓就职。“四心四力”标准、候选人名单被罗列在黑板上，然后各个部门竞选人进行部门活动汇报。

为了体现选举的重要性与仪式感，我们还对座位按区域进行划分和安排。座位内层分设学习部、生活部、文体部、礼仪部竞选人座位，他们各自的粉丝助力团位于他们身后的外层。现场问答评审团的六位同学位于四个部门竞选人的中间位置。三个区域都以铭牌的方式予以区分。

学习部通过汇报开展的“每日一诵”活动，展示了部门内部的合作与分工，并以数学小组的计算比赛活动在年级优秀率占比提升为亮点，得到同学们的肯定。

彬彬有礼的礼仪部开展了别出心裁的“礼仪签约活动”，生活部竞选人组织开展了樱桃才艺秀、辩论赛、美食大会、生日会等活动。

文体部更新了文化墙，并且号召大家搜集关于中秋的知识和思念卡片，以此增进大家对传统文化的了解。现场提问环节，竞选者杨子乐被问道：你们部门的做月饼活动，最后只有两个人参加，我觉得你们不够团结。她回答：因为这次活动正值中秋节，是个和家人团聚的日子，所以大家没有时间来我家做月饼，是我前期没有考虑到。她没有抱怨，而是思索自己考虑不够周全。虽然策划活动不成功，会影响她的竞选，但幸运的是通过这次活动体验，她懂得了在以后的策划活动中要考虑周全，合理安排，并增强了自己在竞选失利中抗挫折能力。

选举人一边听着竞选人的汇报和现场问答，一边在评选表上做记录，针对各个竞选人的表现和评选标准进行现场打分，最后由评审团现场统计得分，产生新班委。

以下为班会现场各部门汇报部分实录。

首先，请学习部候选人进行一周工作总结，并把自己的铭牌贴在相应部门下面。

学习部候选人先发言。

石：你为什么要竞选学习部部长？

王：因为我成绩好。

石：你为什么要竞选学习部部长？

刘：我希望自己的成绩越来越好。

刘：你为什么想当学习部部长呢？

石：我希望大家的成绩和我们一样好。

这次我们三个人组织学习部召开了很多次会议，主要是讨论开展什么样的活动，使大家爱学习、会学习。

大家知道《每日一诵》是怎么来的吗？我们是这样分工合作的。

石：首先，我负责采访老师，请教老师怎样才能让我们班的成绩越来越好？老师说，认真听讲，按时写作业，积极发言，多阅读，成绩就会越来越好，并建议我们记录一天中各科老师强调最多的问题。

王：我负责记录工作。我们通过记录后发现，老师们讲得最多的是习惯！比如：倾听习惯，发言习惯，作业习惯，坐姿等。我们就想编一个顺口溜，每天上课铃响的时候，我们全班一起读，提醒大家认真学习。

刘：我们不会编顺口溜，就去网上找参考资料。最后打印出来分发给大家并带大家一起读。

我们三个主动承担了设计“评选记录表”“选票”的任务。

下个月，我们会开展古诗背诵大赛和英语口语配音比赛。希望大家积极参加。

我们三个是好朋友，无论最后谁当上了学习部部长，我们都会支持他！

我们的汇报完毕，请大家为我们点赞或提建议。

学生 1：我要表扬学习部，因为他们做的评选记录表很好。

学生 2：我要向学习部提一个问题，你们怎么让好同学帮助差同学把成绩提高？

老师：等等，在学习部回答之前，请大家思考一个问题。什么是差的同学？比如我成绩暂时不太好，但是我讲礼貌、讲卫生，我是不是好学生？成绩是不是衡量同学好坏的唯一标准？

学习部：我们会成立学习小组，帮助大家提高成绩。

老师：接下来请文体部候选人进行一周工作总结。

文体部候选人请发言。

大家好，我们是文体部代表。我们文体部这次更新了文化墙，并且号召大家搜集关于中秋的知识和思念卡片。为什么要做这个活动呢？因为去年的中秋节，我们做了月饼。月饼吃完就没有了，而且很多同学还不爱吃。

这次我们通过查找资料，知道了中秋节也代表思念，所以我们就想到做思念卡片，表达我们的思念。

杨：我邀请沈义涵帮我一起完成文化墙。

施：我和黄榆嘉一起剪了“思念卡片”，何宇晴和我们一起组织大家写卡片。

施：我从来没有当过班干部，我想试一下当班干部是什么感觉。如果我当上了部长，我会更加努力地学习。

何：我想当上部长，交上更多的朋友。希望大家投我一票。

杨：我喜欢跳舞，我爱动脑筋，如果我是部长，我打算以后开展“樱桃”娃娃趣味体育会。请大家选我。谢谢大家。

学生 1：我要像文体部杨子乐提问，你一个人做月饼不累吗？为什么不组织大家一起做呢？

杨：我组织了大家，但大家都没有时间参加。

老师：因为这次活动正值中秋节，是个和家人团聚的日子，大家不方便来参加你们部门的活动。这也让文体部和其他部门学到了经验。进行活动前，时间和场地的安排一定要综合考虑各方面的因素。

学生：我要向何宇晴提问，你说你当部长是想让你交更多的朋友，但我不是部长也有很多朋友啊。

何：但是我当上部长后，会让大家更了解我，我的朋友就更多了。

学生：我要向生活部三位候选人提问，如果有同学摔伤了怎么办？

施：我会去请校医帮忙。

何：我们可以在教室放一个医药箱，这样我们可以做简单的包扎。

杨：我会一边去通知校医，一边去通知老师。

学生：如果老师和校医都不在怎么办？

文体部：①我们可以打120电话；②你们忘记了吗？每个药品上都有使用说明。

学生：我给你们一个建议，你们可以向大家宣传一些预防受伤的知识。

老师：我很赞同同学们的说法，预防为主，如遇万一，我们找老师、校医，拨打急救电话都是不错的选择。

老师：接下来，我们有请彬彬有礼的礼仪部。

礼仪部候选人发言。

上周我们开展了“礼仪签约”活动，开展这个活动的原因是我们班的一些同学不讲礼貌，上课不认真听讲，下课爱奔跑，还喜欢跟同学打打闹闹。我们希望通过这个活动，让大家更加讲礼貌。

我们分成四个小队，三个人负责一大组，进行签约。（播放签约PPT）这是我们当时的签约现场，全班同学都写下了自己要做到的事情。最后我们还一起按手印。

鹿海涛：这次的活动创意是我想出来的，我希望大家能投我一票，我以后争取策划更多有创意的活动。

沈义涵：在这次活动中，我负责任务分工和展板，这是我第一次组织大家参加活动，如果我能当上部长，我一定会听取大家意见，组织大家喜欢的活动。

以上是我们的汇报，请大家为我们点赞或提出建议。谢谢大家。

学生：我觉得你们的签约仪式很好，为你们点赞。

学生：如果有人签了约，但是做不到怎么办？

学生：下课有人奔跑怎么办？

生活部：我们会惩罚他。

学生：我给你们一个建议，你们可以做两个抽奖箱，一个是奖励奖，一个是惩罚项目。如果做得好，就让他抽奖励的那个箱子；如果他做不好，就让他抽惩罚的箱子。

老师：大家是喜欢奖励还是惩罚？惩罚的目的是什么？如果我们经常表扬做得好的同学，给他们奖励，其他同学会不会羡慕？这样是不是更多的人都会学习讲礼仪？

如果第一次我看到地上有纸屑，我捡起来；第二次、第三次，次次我都主动捡起来，那么身边的同学以后看到地上的纸屑会怎么做？这就是榜样的力量。

老师：最后请生活部做压轴汇报。

生活部候选人发言。

大家好，我们是生活部候选人。我们部门的目的是让同学们在学习生活中开心。

我们部门内部准备了樱桃才艺秀、辩论赛、美食大会、生日会等活动让大家选。经过投票最后决定开展班级生日会活动。

我们打算每个月的第一周搜集当月生日名单和生日愿望；第二周准备生日礼物；第三周我们进行愿望抽奖；第四周的周一班会时，我们就举行集体生日会。大家喜欢这个活动吗？现在，我们已经搜集到了这个月过生日同学名单和生日愿望了，也委托家长帮我们买了礼物。这次的生日会因为礼物还没有到，所以会推迟到 9 月 29 日下午最后一节课进行。

希望通过生日会，大家会更加热爱班级，更喜欢参加我们的活动！

韦：我是韦李东，我的优点是认真做好自己的岗位工作，我很有耐心，不会发脾气。如果我当选了，一定是位温柔的部长。

黄：这次活动我和曾子芸一起搜集了同学的生日信息，我做事细心，会为同学做好服务，我还有很多地方需要向同学们学习。如果这次没有选上，就争取下次。我一直当副班主任，我很喜欢组织活动，所以我想当生活部的部长。其他两位同学也很优秀，请大家多多支持。

学生：有同学生日在寒暑假怎么办？

文体部：我们可以提前给他过啊，或者我们在假期给他过也可以呀。

学生：我想向三位候选人提问，你们用班费买生日礼物，如果班费用完了，怎么办？

曾：可以再交啊。

韦：我们可以用自己的双手和智慧去赚点小钱。

黄：我们可以做一些活动赚钱，如果生意不好，我们可以表演节目，吸引同学。

学生：你们除了生日会，还有什么活动？

曾：还有樱桃才艺秀、辩论赛、美食大会等。

颁发聘书和宣誓就职

终于到了最激动人心的时刻——颁发聘书和宣誓就职。我们的聘书上印有班徽，还以日期为编号，聘书上注明了受聘人、受聘时间和聘任时长。我们请到学校大队辅导员为孩子们颁发聘书，最后在全体同学和科任老师的见证下进行庄严的宣誓就职仪式。

在活动的最后，我和孩子一起对这次班委竞选系列活动进行总结。有的孩子说这次自己投出了明明白白的一票，候选人说经过竞选明白自己的责任更大了，也有同学为竞选失利而难过。以班委竞选触发孩子了解竞选流程与机制的积极性，以班级活动的开展来展示竞选人素质的全面性，以明晰的评价标准实现选举的民主性，这些将成为孩子们自主发展的助推剂。

【教师自评】

1. 班委竞选、学生发展与班级建设

班委竞选是孩子们整个求学生涯会反复经历的事情。本次竞选活动是孩子对民主选举的第一次尝试，在此过程中孩子们创造性地组织粉丝助力团、评审团，制定评价标准，不仅实现了全员参与，也使得班委竞选不止有候选人正面汇报，还有助选团、评审团从侧面的反馈，让整个选举立体化。班委产生的过程，既是个人民主意识生长的过程，也是发挥骨干先行力量的班集体建设过程。

2. 学生自主能力的培养与思考

选举标准的制定、活动位置空间的安排、仪式感浓厚的颁发聘书和就职宣誓环节，这些让孩子们以班级小主人的姿态实现班级生活的自主。我们也感受到竞选人之间的公平友好的竞争气氛。

班委竞选是班集体建设的重要一步，三年级的孩子民主意识进一步发展。因此，我们在进行班委竞选前首先要对班干部角色进行准确定位，思考它到底是管理岗位还是服务岗位，或是两者都是。其次，是班干部自我责任的萌发与班干部评价量表的建立与完善。在自评与他评中履行岗位职责。最后，本次竞选中胜出的候选者，在以后的班级生活中，他们需要承担的义务，享有的权利又有哪些。这些都需要我们群策群力继续思考、探索和实践。

第二节　岗位升级我做主

林梦雅

【学生阶段特征分析】

中年级段的孩子们一般年龄在9~10岁，在小学教育中正处在从低年级向高年级的过渡期，而他们在生理和心理上的明显变化，也是培养其学习能力、意志品质和学习习惯的最佳时期。

这个阶段，是孩子形成自信心的关键期。他们在接受别人的评价中能发现自身的价值，产生兴奋感、自豪感，对自己充满信心，“自我意识”明显增强，表现欲愈发高涨，在小队的内部表现已经不能使其满足，想要争取更多机会和在更多同学面前表现自己。女生们对班级的事务越发上心，对事情有了自己的主见，男生们热衷于体育运动，特别享受被关注的时刻。此时孩子们已经有了自主策划的需求，也拥有一定的文化创作能力。因此，这个阶段可以让孩子们参与班级文化建设、岗位建设，深化班级文化内涵。

【活动实践】

岗位竞聘我能行

在了解了孩子的阶段特征后，我们班进行了班级文化建设，布置教室环境，班级口号设计，将班歌进行改编等，目的也是为了让孩子自主建设班级文化，并想借此增强班级凝聚力和荣誉感。但是达成效果不够明显，由于班歌改编对于三年级的孩子来说，难度太大，他们不能很好地参与其中。我经过考虑，认识到改进的步子不能迈得太大了，应回到小队、班级岗位建设中去，让孩子们先对班级有自主管理的意识，将小队文化做扎实后，再一步一步走向文化建设，这样更适合我们班级的发展状况。

因此在开学初我们进行了新一轮岗位竞聘，跟二年级情况不同的是，由各自独立的小岗位到设置岗位小组，分别是：学习岗位组、纪律岗位组、卫生岗位组和服务岗位组。为了进一步加强小队建设和丰富交往方式，我们将岗位组和小队对接，每个组分别由两个小队来负责管理，每一个组里又设立若干个小岗位，小队内部队员竞选其中的小岗位。刚刚开始岗位实践时，每个同学都充满热情，所以开学几周也获得了小美玉班级荣誉。但是，在新鲜期过完，孩子们的岗位工作热情明显降低了，对于班级的责任感明显不及开学的时候，各科学习劲头也不足。此时需要一个健全的评价体制来激励孩子们做好岗位工作，因此，我们每天都利用午练前 10 分钟对岗位工作进行评价建议，在文化墙中设置能量格，被点赞的小岗位可以在相应岗位组的能量格上爬一格，这样既增加了孩子们的工作热情，也能让同学们发现哪些小岗位是为班级付出比较多的。此外，我们每月进行明星岗位组和岗位小明星评选，激励小岗位工作，促进孩子的主动健康发展，给提供孩子展示、沟通和锻炼的机会。

小水滴中队岗位组分工表如下图所示。

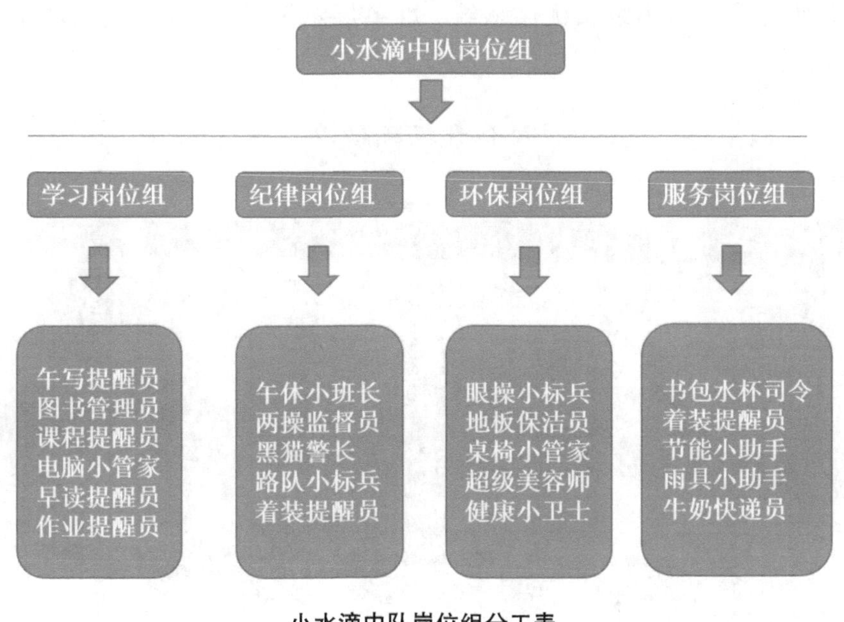

小水滴中队岗位组分工表

岗位实践共探讨

经过半学期的岗位实践和评价，同学们都已经熟悉并胜任了自己的小岗位。但事物是在不断发展的，孩子的能力也在不断提高。最近一段时间，有同学向我反映，有人有岗位无工作，有人有工作无岗位，有人岗位职责不明，有人岗位职责不全，有一小部分小岗位名字不同，但是工作内容差不多，可以合二为一。同时，一些同学发现有些小岗位现在已经不需要了，而有些事务却没有小岗位负责管理。孩子们已经不满足于简单的岗位，为了满足孩子的实际需要，我和孩子们讨论之后，决定进行岗位升级，让孩子们主动积极地加入到岗位中来，为班级岗位建设出谋划策。

我先根据孩子的需求设计了调查问卷，问卷内容包括对个人岗位实践情况的调查、对岗位的满意度，以及对岗位建设的建议。从问卷结果看，同学们对岗位的参与度很高，对班级生活的观察也很仔细，能从中发现问题，并对自己相应的岗位组提出相关建议，比如服务岗位组发现了周二社团服乱放的现象，并且提出要设一个折衣大师的岗位意见。这个问卷调查的作用是启发孩子的观察力，让每一个孩子都参与岗位建设，为岗位组的升级方案出谋划策。

接着，我们又利用了一节班会跟同学们共同探讨升级的标准，往哪个方向升级，再由每个岗位小组的小组长牵头，组织组员初步确定可以升级的内容，讨论升级方案，由小组长优化总结，准备展示汇报，确定展示形式，制作PPT等。

岗位升级我助力

在完成了岗位竞聘和实践后，岗位建设发展到了成熟阶段。孩子已经熟悉了各岗位的工作内容，并且一切工作都在有条不紊地进行，岗位工作失去了一定的活力，不能满足孩子的日常生活需要，进入瓶颈期。在孩子的建议下，我们开展了“岗位升级我助力”主题班会，一方面是检验岗位组的建设发展情况，另一方面则是通过孩子的策划展示，给予孩子成长的肯定。

班会中，同学们回顾了岗位工作，谈了工作感受，共同欣赏小岗位们为班级做出的奉献的照片，并互相点赞，激发孩子的班级主人翁意识，更好地参与升级活动。队员们踊跃发言，并重温了岗位升级标准：①有利于班级发展；②符合班级实际需要；③职责更加明确。队员们根据这三个标准进行小队展示汇报。

各个岗位组在班会上各显神通。纪律岗位组首先通过生动的情景剧展示了在下课过程中纪律委员遇到的问题。汇报完毕后，全班孩子出谋划策，一个孩子提出：我们可以增设新闻导播员，因为同学们不知道为什么不能奔跑，可以用新闻导播的方式，分享一些发生在身边的事例，告诉大家要注意安全。另一个孩子提出：我认为我们应增设一个调解员，这样平时同学们的小打小闹就不用每次都闹到办公室去解决，也给老师减轻负担。大家各抒己见，很快便有了各式各样的解决方案，纪律岗位便迅速记录了下来，用以完善纪律岗位的方案。

我问道：除了有一些需要增设的岗位，那有没有同学们都做得特别好了，可以退出历史舞台的岗位呢？既然是岗位升级，在肯定孩子们进步的同时我又尝试从这个方面去启发孩子。服务岗位的队员主动站起来：老师，我认为可以撤销节能小卫士岗位了，因为我们觉得大家节能意识已经很好了，每次放学、做操都会自觉关灯、关风扇。孩子们观察力很敏锐，其他孩子也同样赞同，在全班孩子的帮助下，很快就确定了增加与撤销的岗位。

在全班同学的共同策划和集思广益下，四个岗位组从增减岗位、改变岗位职责、明确岗位意义几个方面对岗位进行了升级。孩子才是班级的小主人，有了大家的努力，班级才会有进步。下一阶段孩子们还准备为新增的岗位制定规则并进行招聘，试行一个月，观察效果，最终再敲定岗位。孩子们在接受别人的评价和建议中能发现自身的价值，产生自豪感，对自己充满信心，通过自我策划和小组合作，增强了孩子的主人翁意识和班级凝聚力。

【教师自评】

回顾这次的活动，有以下几点值得我们发扬和继续挖掘的地方。

（1）利用“岗位升级我助力”主题班会活动，引导学生为班级建设出谋划策，提升学生动脑思考和策划的能力，实现学生的自我管理和自主管理。

（2）通过岗位的升级，岗位组与岗位组之间的交流，以及大家互动，实现了孩子的自我管理和自主管理，在提高班级日常管理效率的同时，也为学生提供了良好的发展和表现的平台。

（3）活动依托小队和各岗位组，进一步培养合作能力，为孩子提供了良好的发展和表现的平台和更丰富的交往交流方式。

（4）不管是在课堂中还是各类型的活动中，尽可能给每一个孩子提供机会，让每个孩子都成为班级活动的参与者和策划者，鼓励孩子消除心中的不安，能自信表达。在活动中更要肯定孩子多样化的语言形式，重心下移，引导孩子敢于表达自己的想法，自由表达过后再帮助其修改完善，减少优生替代和教师替代现象。

（5）活动要有延续性，老师要结合班级发展情况，设计适合每个阶段的真实活动，带领学生一起创造丰富多彩的班级生活。

第三节　我的班歌我做主

麦丽萍

【学生阶段特征——分析】

学生的成长需要主题选择与长程设计，主题活动与班级日常生活的有机整合，以及具体活动的前移后续等，具有新性质、新内涵、新内容、新形式的事件本身，保障并标示着学生的发展。不仅如此，班级日常生活重建中的学生发展评价，其核心是学生的生活质量本身。在此理念的指导下，我们班在扎实的小队发展中不断完善班级文化建设。从“小队发芽了”（小队初建）到“小队花儿遍地开”（小队发展成型），以不同的活动载体，推动学生主动融入班级文化建设中去，体验“我的班级生活我做主”。

三年级的学生较为活跃，开始有自己的独立想法，喜欢表现自己，也非常乐意参与班级的发展建设。基于学生的实际情况，以优势互补为原则，班级组建了八个小队并以小队为单位在班级开展了系列主题活动，以丰富班级生活和发展班级建设。

孩子们在小队活动中，能初现“取长补短、合作学习”的意识，在参与班级发展建设的行动中，争当班级小主人的欲望也越来越强，小队之花竞相开放。当然，小队的发展和班级的建设还有很多提升的空间，如小队长的组织力不强，班级凝聚力不足，班级文化比较薄弱等。因此，“提升学生对班级文化建设参与的积极性，提升小队成员间沟通、交流与合作的能力，提升学生的语言表达能力、评价能力，提升小队长的领导力”是本学期的班级建设目标。结合学校的周五缤纷班服日，班级开展了“最美班服评选”“最佳班徽设计”等系列小队活动，孩子们在系列小队活动中选出了最美班服、设计了蕴含班级文化元素的班徽。这一系列活动开展后，小队变得更有凝聚力，孩子们的主人翁意识日益增强，班级的文化建设也越来越丰富，我们将继续开展学生提议的“最受欢迎班歌”等小队活动，来充实“阳光、活泼、团结、勇敢”的班级文化，同时重点关注“小队的合作形式”“评价能力”“小队长的领导力”，使学生在“参与、习得、礼仪、服务”等方面有更大的成长，成为一名真正的小美玉少年。

【活动实践】

小队之花遍地开

在“长短互补”小组合作学习形式的基础上，八个小队就此发芽，并以小队为单位在班级开展了系列主题活动，以丰富班级生活和发展班级建设。孩子们在小队活动中，能初现“取长补短、合作学习”的意识，在参与班级发展建设的行动下，争当班级小主人的欲望也越来越强，小队之花竞相开放。当然，小队的发展和班级的建设还有很多提升的空间，如小队里的队员之间合作力还不够，小队长的组织力不强，班级凝聚力不足，班级文化意识比较薄弱等。因此“提升学生对班级文化建设参与的积极性，提升小队成员间沟通、交流与合作的能力，提升学生的语言表达能力、评价能力，提升小队长的领导力”成了本学期班级建设目标。结合学校的周五缤纷班服日，孩子们相继主动积极开展了“最美班服评选”“最佳班徽设计”等系列小队活动，在分工合作、调查喜好、讨论理据等方面开启全新的合作体验。

班级活动谁说了算？

基于本班学生较为活跃，热爱动手实践，喜欢表现自己，也非常乐意参与班级的发展建设，继设计班徽活动后，小队变得更有凝聚力，孩子们越来越有班级小主人的样子，在活动中，孩子们都体验到了班级生活可以自己作主，而且可以做得很好。继“最美班服评选”和“最佳班徽设计”活动之后，孩子们说：老师，我们也可以选一首属于自己班级的歌呀。我们要自己来选。我很开心孩子们有这样的意识，于是“我的班歌我做主”系列活动开始了。

当然，在为自己班级文化做主的过程中，老师要去听、去看、去问，而且也在言说、在介入，共同创造班级日常生活的惊喜。于是，我引导各小队充分利用周围资源，如分工的范围是否全面考虑到各方面细节；我们要考虑什么因素。于是针对可利用的资源给学生更进一步的介入指导：起点资源——目前班级有哪些想法建议，有哪些基础；网络资源——多媒体网络资源查找；人力资源——可询问班级同学、家长，也可请教音乐老师。我们综合各方优选建议来综合统一，换句话说，班级文化活动，就是由这个班级的所有成员作主。

我的班歌我做主

同一个小队因同一奋斗目标而努力的实践与创造过程就此显现。首先各小队成员自主推荐自己认为最适合的班歌，唱一小段展示给队员看，并解释歌曲意义；然后在小队评选中选出最适合的参加班级竞选，小队自由组合后分工合作，展示汇报，进入第二轮的评选。

汇报分享的过程中，各小队不仅要向全班同学展示歌曲、解释该歌曲符合班级的特点，还要分享小队在合作中遇到的困难以及解决的办法，甚至有些同学会情不自禁地把自己的感受与大家分享。

“排练的时候，练了好多次，队长都说我们不整齐，还要不断练习。我觉得太累了，就发脾气在旁边休息了。可是我看到他们练得越来越整齐的时候，我又很想再和他们一起努力，为小队争光！”

“是我们小队的同学一直在鼓励我们，大家一起克服困难！”

大家在台上轮番汇报分享，台下的同学点赞或发表建议，还有智囊团为其助力。最后由全班同学和老师一起投票选出一首适合的班歌。这一场“我的班歌我做主”活动，不仅是日常的班级文化建设，更是孩子们对日常生活的重建与创造。

从活动开始前的细致分工到活动过程中的每一个环节的磨合，都在不断地体现着“分工与合作”“协调与创作”。每个小队都有着同样的目标和清晰的任务方向，在排练到汇报的整个过程中，团结的力量都在潜移默化地影响着他们，使学生在无意识中互相配合、互相帮助、共同面对困难，共同建设班级。

确实，在一系列的班级文化建设活动中，小队在合作形式、合作能力、评价方式、评价能力、小队长的领导力、积极性不高的同学参与度方面相比上学期都有所提高，有所进步。尤其在“我的班歌我做主”的节点活动中，小队展示汇报的内容加入了实践过程中的感受与表达，虽是一个挑战，却也是一次不可多得的成长机会，为孩子们营造互相学习、互相沟通交流与合作的空间；孩子们的主人翁意识和班级认同感也有了不同程度的强化。

主题班会设计方案如下表所示。

主题班队会设计方案

<table>
<tr><td>学校</td><td>玉律学校</td><td>姓名</td><td>麦丽萍</td><td>类型</td><td colspan="2">班队会</td></tr>
<tr><td>课题</td><td colspan="2">我的班歌我做主</td><td>班级</td><td>二（3）班</td><td>日期</td><td>2017.5</td></tr>
<tr><td colspan="7">一、活动目标
（1）通过活动，不断完善班级文化建设。
（2）通过活动，提升小队成员间合作的能力，提升学生的沟通表达、评价能力，提升小队长的领导力。
（3）以竞选最受欢迎的班歌活动为载体，推动学生主动融入班级文化建设中，体验“我的班歌我做主”活动的意义</td></tr>
<tr><td colspan="7">活动过程</td></tr>
<tr><td>活动环节</td><td colspan="2">教师活动</td><td colspan="2">学生活动</td><td colspan="2">设计意图</td></tr>
<tr><td>一、导入</td><td colspan="2">（1）展播前期班级生活，肯定学生是班级的小主人。
（2）引出相关活动话题，出示前期共同制定的评选标准，引导分小队根据评选标准来讨论、交流，选出代表本队参与评选的曲目</td><td colspan="2">（1）在欣赏前期的班级生活中，肯定自己的表现。
（2）各小队回顾前期活动中制定的评选标准，并根据评选标准积极讨论，共同选出代表本队参与评选的曲目</td><td colspan="2">引导学生回忆过去的活动，激发学生参与活动的热情</td></tr>
</table>

续表

活动过程			
活动环节	教师活动	学生活动	设计意图
二、核心推进	（1）出示汇报内容、汇报要求、歌曲评选标准，引导各小队积极交流，明确分工，准备展示汇报。 （2）学生展示汇报竞选曲目，说说小队关于共同挑选的歌曲的由来，点出亮点，拉票。 （3）引导其他小队针对小队的内容进行思考并提出疑问、评价或者建议。 （4）出示上周班队会上制定的投票规则，各小队简单讨论后开始投票。 （5）宣布投票结果，引导其他小队代表说说投票理由，获胜小队发表获胜感言，同学互相讨论对班歌的认识，增强认同感	（1）分小队根据汇报内容与汇报要求，围绕参与评选的曲目确定分工，准备展示汇报。 （2）学生展示汇报竞选曲目，说说歌曲的由来和代表意义，拉票。 （3）其他小队针对小队汇报的内容进行思考并提出疑问、评价或者建议。 （4）根据投票规则，小队简单讨论后开始投票。 （5）学生代表发言，讲述投票理由。 （6）获胜小队发表获胜感言，其他小队为获胜小队在歌曲演绎的完善方面提出更好的建议或方案	小队成员间通过沟通交流，进一步分享与合作。 小队在展示分享与互助中，在倾听和评价中，进一步提升合作能力、欣赏能力、共同解决问题的能力。 共同评价、选择最适合的班歌，让每一个孩子都乐于为班级文化建设出力，增强凝聚力
三、活动延伸	教师：孩子们，通过这次活动，我发现，你们越来越有班级小主人的样子，为你们点赞。班歌我们选好了，这是属于我们的歌，我们请获胜的小队来带着我们唱一次好吗	学生课后继续围绕获胜的歌曲学习演唱，并不断完善演唱形式	从“我的班歌我做主”活动出发，提升学生参与班级活动的积极性，增强班级凝聚力

【教师自评】

小队的成长，都是基于班级日常活动。作为老师，不仅要着眼于小队发展历程顺序，立足于学生当前学情的自身实际，还要关注班级日常生活重建中的学生发展评价、关注孩子们的多维度发展空间，下面从“多元评价”及“创造平台”两个角度谈一谈。

首先，教师在活动中要注重多元评价方式，肯定学生的优势与付出，同时也要给予恰当的指导性建议。教师的评价性语言具有不可估量的引导性影响，当这个评价标准化时，孩子们的个性就会渐渐被磨掉。在“我的班歌我做主”活动中，有五首班歌参与竞选，孩子们有竞选依据，有自己的付出，有彼此的合作心血，为什么最后只可以有一首班歌呢？对于落选的大部分孩子难免会有不同程度的失落。

如果重建本次活动或开展下一次活动，我会介入引导孩子们从多角度去看待同一件事，班歌固然是要选一首“代表作”，其他的歌是否可以作为队歌，或者是晨歌？以此再次将活动与日常生活相融合。这样处理不仅可以为孩子们心理疏导找到出口，更可以给孩子们更大的个性化发展空间，有助于培养积极、向上、阳光的少年。

其次，教师要善于创建平台。在班级文化建设中，可以打破时间与空间的限制，选择适合学生发展的主题，在有限的班级空间内创造更多个性空间与发展空间，使学生们在“参与、习得、礼仪、服务”等方面有更大的成长，结合多角度的评价，以此来引导学生实现自我突破。

第四节　美玉当家汇

曾葵珍

【学生阶段特征分析】

三年级的孩子自主性增强，有强烈的自我表现并被他人认可的欲望。因此，前期在班级生活重建中，通过班委的竞选，从培养班干部领导力出发促进学生自主管理的积极性；随后，学生进行了岗位升级，提升对班级主动管理的意识和自主管理的认知度；接着通过班歌、班徽等班级文化创建活动来丰富班级生活，提升班级自豪感。

丰富的班级生活可以提升学生主动发展的内生力。因此，在三年级的第二学期，借助缤纷“美玉当家汇”，各班级根据生活实际进行班级生活展，展现班级凝聚力，也展现学生的自主领导力。

【活动实践】

系统构建凝聚特色

所谓“滴水汇成江河”。要“汇”，就必须有“滴水”，每个班级的文化建设就是“滴水”。如何让班级文化不流于形式，落到实处呢？老师组织学生静下心来讨论“美玉当家汇”的展示形式。各班级的学生各抒己见。

首先，形式新颖。“美玉当家汇”是一场班级风采秀，是能供全校欣赏并且值得大家互相学习的活动。因此，三年级决定以“电视节目频道”的方式进行现场“播”出。它是隆重的、重要的、有教育意义的。

其次，凸显个性。在年级系统构建下，各班级的班级文化各具特色。在此基础上如果能凸显班级的独特个性就更棒了。在激烈的讨论下，各班级决定分类别对班级文化进行展示。如下表所示。

“美玉当家汇”频道汇总

班级	“美玉当家汇”频道
三（1）班	诗歌频道
三（2）班	美食频道
三（3）班	综合频道
三（4）班	书法频道
三（5）班	财经频道

其中，三（1）班在班主任老师的带领下，将学生对班级生活的感受体悟汇集成一本“儿童诗集”；三（2）班“小小舌尖班级”，根据同学的家乡所在地，经过一年的时间“游遍”中国，“吃遍”中国；三（3）班樱桃班级作为新基础实验班级，自主创造了班级新生活，开展了丰富有趣的班级活动，“师生成长”的感受他们最有发言权；三（4）班是书香班级，班级有浓郁的文学气息，精湛的书法致使他们受到连连好评；三（5）班是财商班级，从“我的零花钱我出发”，小小年纪他们就已经学会了如何“储钱、花钱、用钱”。

自主策划促成长

各班级的节点展示节目只是节点活动中的一部分。面对整场“美玉当家汇”，活动的组织才是关键。三年级的孩子虽然具有班级自主管理能力，但是还没有完全策划组织过年级活动。在年级段长的组织下，全年级老师展开讨论，最终决定“放手”，让三年级的孩子来一场真正意义上的自主活动。一是让这场活动更加有意义，二是利用节点的展示汲取更多育人资源，促进学生更进一步成长。

各班级的学生纷纷响应，使这场活动变得更加有趣了。最终在各班班委团的共同商讨下，将各班级分成了活动策划和组织准备的各项目组，形成了以下的几个项目，如下表所示。

“美玉当家汇”活动项目分工表

班级	项目	内容
三（1）班	节目组	负责五个节目的排练指导、协调和进度跟踪
三（2）班	宣传组	进行前期海报、视频宣传，嘉宾邀请函制作和现场拍照、录制工作
三（3）班	后勤组	负责活动会场的布置、卫生和安全工作
三（4）班	现场组织组	负责现场嘉宾席、各班位置和现场节目上下场
三（5）班	现场活动组	负责活动现场的互动环节、互动奖品准备和主持人的选拔训练等

问题解决提能力

各班级项目组随即展开了前期的准备工作。在这个过程中，他们遇到了不同的困难，但是在班主任老师的介入指导下，大家纷纷完成了相关任务。

1. 赶进度

三（1）节目组首先提出问题：各班级除了承担节目工作之外，还有项目工作的任务，导致各自的节目稿件一改再改，参与展示的同学一变再变，排练进度跟不上，怎么办？

在班主任的建议下，他们向五年级的哥哥姐姐请教如何有效地在活动组织中“赶进度”。在采访工作之后，他们获得了“赶进度”的小窍门。

（1）明确重心：要让各班的同学意识到只有通过“节目展示”才能真正秀出“班级风采”，这项工作应该尽快定下来，才不会削减“美玉当家汇”的实际质量。

（2）规划安排：帮助每班规划好排练的时间和地点，这样便于本项目组进行跟踪。

（3）鼓励指导：请美术、音乐学科等相关老师作为特别指导，指导各班级有序进行节目排练，更要积极鼓励各班级进行完善。

2. 缺技术

三（2）宣传组是一个重要的项目组，他们的工作成果是全校师生对活动的期待，也决定了大家对活动的评价。但是，这个工作却难倒了宣传组，最大的问题在于“缺技术”：①海报宣传得完成，屏幕宣传缺技术；②邀请函制作没问题，邀请什么嘉宾是问题；③现场拍照很积极，拍摄质量有困扰。

孩子们先将面临的问题梳理出来，在班会活动的讨论中再逐一击破。

（1）“屏幕宣传”需要用到 WPS 软件，他们特意去找信息技术老师申请，给全班同学上一节 WPS 软件的操作使用课。接着组建一个 WPS 软件信息技术小组，研究用 WPS 进行宣传信息的制作。

（2）邀请嘉宾名单除了本年级的老师之外，还要有学校的校长、年级段长，更要邀请其他有空的老师一同参加。除此之外，在成长过程中还少不了家长的陪伴，因此也要邀请同学们的爸爸妈妈参加。

（3）现场拍摄的设备使用和技术都有难度，而家长能够帮助孩子们快速解决这个问题。在同学们的鼓动下，有 5 名家长组成了“现场拍摄义工组”，以“1 家长带 1 学生”的方式完美解决了问题。

3. 任务多

三（3）班虽然负责后勤组的项目，可是项目之下是一个个琐碎的任务。在焦头烂额之际，三（2）班的同学们支了个好招：项目组下建项目。也就是说成立更多的小项目组，将一个个琐碎的工作分给一个个小项目组。

三（3）班的同学接受了这个建议，并且形成了项目组分工表格，解决了问题，如下表所示。

项目组分工表

项目组	负责工作
背景板组	负责与三（2）班宣传组沟通，负责背景板的设计和摆放
座位组	负责嘉宾和学生的椅子租借和摆放
卫生组	负责现场活动的卫生提醒和卫生打扫
安全组	负责现场纪律、秩序

美玉风采正当家

在各班级的共同配合下，“美玉当家汇”活动顺利开展。

（1）班级生活，我们的诗：孩子们用一首首儿童诗，记录了从踏进小学学校开始的生活。他们说“糖果路，是甜蜜的；交朋友，是快乐的；学知识，是轻松的；开活动，是成长的”。

（2）小小舌尖，回味无穷：回味无穷的还有在班主任老师的带领下重建的班级生活。孩子们说，获得“广东省特色中队创建大奖”是最让他们自豪的一件事。

（3）樱桃展示，自主快乐：樱桃综合频道带来的是“父亲节活动”的策划组织全过程。这个班的孩子凭借特色生活的创建，赢得了“全国动感中队”的称号。

（4）汉字书法，学会态度：这种态度，是热爱学习的态度，是爱好文学的态度，更是对中华传统文化传承的态度。他们用书法与舞蹈相结合的方式，展示了丰富的班级生活。

（5）财经素养，创造智慧：财商班级用情景剧再现了班级生活的全过程。他们秉承奉献爱心的原则为别人付出，用自己的劳动和智慧提升了财经素养，增长了学习和做人的智慧。

学生的成长不是一蹴而就的，是需要在班级的实践中积淀而慢慢发生变化的。“美玉当家汇”象征着三年级生活重建的成果，它是一个结束学期生活的节点，更是一个开启新生活的成长起点。

【教师自评】

“美玉当家汇”是三年级系列活动“我的班级我做主”的节点展示活动，学生在前期进行了很多的尝试和体验，这次节点活动是总结，更是成长。

（1）活动能力的提升：一是对活动的构建能力的培养；二是从班级活动的组织策划提升到对年级活动的组织策划和分工合作。

（2）思维能力的拓展：一是活动系统构建的整体思维能力；二是活动中动态调整的动态思维能力。

（3）成长收获的延伸：活动之后，在学生们的心中都种下了独立自主的种子，取名为梦想。他们有了更多的计划去迎接四年级生活，他们也有更多的想法去开创自己成长的新天地。

系列活动重建回顾

【成效体现】

三年级系列活动基于学生特点，立足于学生个性发展，使岗位工作与班级组织建设，成为班级学生新一轮发展的平台，其活动成效显著。

一、引导学生自我管理，培养策略意识

在班委竞选活动中，教师通过多种形式，在对学生和班级了解的基础之上，围绕“班委竞选”，激发学生参与班级事务，推进新班委的产生。班委会核心组织力量在策划组织全班的活动中得以形成和逐步提升。竞选之后，师生进一步细化岗位职责，完善评价机制，从而发挥每一名学生的主动性。通过岗位升级，检验班级岗位组的建设发展情况，给予学生成长的肯定，从而完成班级秩序的优化，让学生感受自我的成长。

岗位职责成为今后岗位评价的一个重要参考。在实践中，提高学生的策划与组织能力，从而培养自我教育与管理的能力，学会处理学习或生活中各种问题的策略和方法，增强从事岗位工作的责任感。

二、多元融合，打造班级新文化环境

从小队初建，到小队发展成型，班级通过不同的活动，推动学生主动融入班级文化建设当中。在为自己班级文化做主的过程中，老师引导学生利用周围的资源，使其真正成为学生成长的资源，体现了队员在活动中的主动性，真正提高学生的活动效率。“我的班歌我做主”正是班级文化建设的载体，继设计班徽活动后，强化学生的主人翁意识和班级认同感，让学生成为实践的主体：自主推荐—展示—评价推选—分工合作—展示汇报—参评，虽然只是选班歌，但蕴含着对学生策划、回顾、合作能力的培养，班级建设中激发了学生的自主精神，师生得以共同打造班级新文化环境，让学生在班级日常生活中得以发展。

三、实现“我”与群体的共同发展

“小鬼当家汇”活动前期准备充分，关注每一个学生的参与度，让学生在班级建设中焕发生命的活力。回顾老师们设计的系列活动，可以发现每一个阶段都有互动。爱的情谊在学生之间相互传递，使整个系列活动具有丰富的成长意义。

在这些活动中，学生的变化是显而易见的：在不断完善、重建方案的过程中，学生们也明白了“个体”与“群体”的关系，每个人都需要在团队中成长，既发展学生的个性，也需要大家服从团队。在整个活动过程中，打造具有个性特点的鲜活个体。让“我的班级我做主”有了新的价值和意义，利于学生明确努力的方向，为下一步的成长蓄力。

【理性思考】

1. 共同生活与共性发展

“新基础教育”的学生工作认为：学生是在实践中成长的。在班级的共同生活中，班主任要学会理性思考：师生的个性和共性，如何协调发展才能增强学生创新能力和适应能力，服务于未来？班主任要根据社会培养目标和要求，把握学生的基础状况、年级年龄和个体发展差异，合理利用，灵活有效地管理班级，促进学生共性及个性的协调发展。

2. 个性空间与个性差异

学生的个性差异表现是多方面的，承认和了解学生的个性差异，针对不同特点，才能取得良好的教育效果。在活动中，教师要善于发现和开发学生潜在的素质和闪光点，不能用一种标准来衡量所有学生，以成功的体验来激发学生的个体发展，为师生提供更优质的成长空间。

3. 多样评价与发展评价

学校的活动，少不了总结与评价，对三年级学生的评价，要注意多样化，除了言语表达，还可以利用贴纸、奖章、颁奖词等方式评价他人或自评。同时，评价切忌只针对结果，评价者的身份也可以更多元，这样才能立足于学生的发展，满足学生的成长需要。

第四章　十岁成长生日会

10岁对于四年级的学生来说，是从孩童向少年转变的开端。四年级学生经过三年的学习成长，已经逐渐熟悉、适应了校园生活，在与同伴的交往中对“朋友”有了更深入的理解，在校园活动中开始渴望拥有自主管理的权利，对事物已经有了自己的想法和看法，自主意识逐渐形成，勇于创新，敢于挑战是他们身上的个性标签。

他们渴望通过丰富多彩的实践活动来获得成长。在交往范围中，不再局限于狭小的班级范围，而是把目光投向了更广阔的世界，班级、年级、学校、家庭、社区等都成了他们探索交往的乐园，他们开始关注身边的问题，关注社会，并渴望有更多交流的机会。

学校聚焦“十岁成长生日会”，便是为学生提供了展示自我，交流合作的舞台，满足学生渴望成长的内在需求，为学生的生命成长赋能。

第一节　幼小衔接担责任

骆秀燕

【学生阶段特征分析】

如何使学生适应并喜爱小学生活，顺利实现幼小过渡，是教师和家长需要共同面对的第一个问题。因此，做好“幼小衔接”活动既必要又很重要。“幼小衔接”的目的是为了培养幼儿园小朋友的思维方式、学习习惯及社交习惯等，让他们在进入小学之前，对小学校园、生活、学习及课堂常规有初步的了解，为孩子将来的学习和发展起到一定的作用。如果处理得不好，就会给小朋友日后的发展带来影响。

自从参加了“新基础教育”后，学校在教育教学活动中，实现重心下移，在活动中挖掘育人价值，因此，四年级的小朋友在“十岁成长生日会”之前主动承担学校层面的“幼小衔接”活动，在他们升上五年级后，幼儿园的小朋友也上一年级了，这样就可以让“一五年级手拉手活动”无缝对接，让小朋友们快速适应小学生活。

【活动实践】

“幼小衔接”活动知多少

由于是第一次参与学校层面的活动，老师们不太了解“幼小衔接活动”的具体内容，所以主动向学校张副校长、幼儿园园长、老师，以及一年级班主任了解衔接内容，并迅速在班级成立统筹组及各个项目组，制定了“幼小衔接活动”方案。仅方案老师们就完善了多次，包含了实施背景、活动目的、活动内容、活动时间、活动地点、路线、人员安排。

拟定方案后，孩子们分小组讨论，迅速成立了前期的统筹部、内联部和外联部。有了前期的调查，学生暂时撤销三个部长，取而代之的是五个项目组。他们分别是统筹组、向导组、摄影组、安全组、卫生组。由于本学期第一次重心下放，由学生承接这个活动，园长建议可以再增加一个互动环节，从安全组中抽调出一部分人作为互动组的代表。他们只负责查找互动内容，并由向导组的同学将内容分发给组内的成员。比如谁负责讲故事，谁负责猜谜语，谁负责玩游戏等，并投票选出最适宜小朋友的“互动环节”内容。

统筹组成员自主与幼儿园园长、老师联系，并去幼儿园商讨活动时间，与小朋友们互动，让他们大概了解老师们在开展什么活动（老师当时介入时帮忙找到园长的联系方式，并指导他们如何与园长、幼儿园老师和小朋友沟通）。具体细则由他们自己商量决定。

在活动中，老师将权利下放给学生，让学生感觉到自己才是活动的主体，在活动中感受成长的快乐，感受老师对他们的信任。

确定时间后，孩子们自行设计路线，分组培训小导游，并实地练习多次。培训导师是由我们班的金牌主持黄晨以及口才较好、胆量够大、有逻辑思维能力的刘伟辰同学担任。活动过后，向导组得到了各位老师的好评，园长直夸刘伟辰同学。他虽然成绩不是很优秀，但有特长。活动过后，他还经常找老师聊天，告诉老师他发现了什么事，又是如何解决的。看得出来，他在活动中收获了自信与勇气。

看，小美玉们的收获

在活动开展之前，老师和学生们进行了一次次的策划与修改，做了很多的准备。同时，在活动中，他们也成长了很多，比如：懂得服务他人，分享快乐。他们也会预设问题，解决问题，比如：向导组的同学，会想到用儿童语言带领小朋友参观小学，并参与互动；卫生组的同学也会根据小朋友的习惯去设想问题、解决问题；摄影组的同学会思考可能会遇到的困难，并如何去解决；安全组的同学会考虑小朋友可能会做什么危险动作，又应该如何去制止他们；互动组的同学会投其所好地设置互动内容，如玩游戏、猜谜语、讲故事；统筹组的同学提出了为小朋友们发放贴纸和奖品。总之，通过这一系列活动，同学们的策划能力、绘画能力、表达能力、合作能力、思维能力和服务他人的能力都有了一定的提升。

目标引领下的系列活动

活动目标：

（1）在策划过程中和与小朋友接触的过程中提高学生的责任意识。

（2）培养学生的组织能力、合作能力、问题解决能力和应变能力。

（3）巩固项目组内部的团结意识，加强学生间的合作能力。

（4）在汇报总结中，让学生提炼活动中各部门的工作要点，为学弟学妹们留下有价值的“衔接方案”。

前期调查：了解“幼小衔接活动”的具体内容。

方案征集：设立项目组，分组讨论各个项目内容。有统筹组、向导组、摄影组、卫生组、安全组、互动组。

方案制定：展示各自的方案并修改。

活动准备：分工与模拟实践幼小衔接活动。

资料收集：学生感想（手抄报、视频、调查问卷、作文等形式）。

总结与分享：玉小欢迎你。

“幼小衔接”暖玉行

一切准备就绪后，活动顺利开展了。活动当天，每个小岗位各司其职，其乐融融（在活动策划过程中，家长也非常支持这个活动，给小朋友们赞助了奖品、贴纸、牛奶等）

【教师自评】

四年级学生交往的重心由家庭逐渐转移到学校。经历了独立意识增强和自我表现的三年级后，四年级学生不再那么冒失，显得较有主见，并且步入一个新的关系——同伴交往。他们明显成长了，自行策划、组织活动的能力增强，渴望拥有自主管理的权利。他们的发展目标是：建立比较丰富的人际关系，不把自己封闭在小群体内部，在班集体的氛围下形成同伴之间的积极交流；他们爱护幼小同学，能够在帮助幼小同学中得到快乐（摘自“新基础教育”学生发展与教育指导纲要”）。

四年级的小美玉们通过参与学校层面“幼小衔接”的活动，总结衔接方案，可为下一届学生开展同类活动提供帮助与参考。在“幼小衔接”活动中，教师给每个学生提供良好的展示机会，使他们发挥其所长，并强化他们的真实体验，将自己对幼儿园小朋友的感情化为努力学习和积极参与的动力，潜移默化地对他们进行人生观的教育，促使他们在与小朋友接触的过程中提高了自己的责任意识。

全体学生都参与了活动，在活动与交流中增加了同学之间的关注度，学生在真实体验中生成了很多新资源，同时也增进了同学之间的理解与感情。比如，他们在总结活动中点赞同学成长的环节，有几个同学平时不善言谈，但他们能够主动站起来表扬同学。

本次活动得到了老师、同学以及小朋友们的高度评价与认可，也让四年级的同学感受到其中的价值与乐趣，磨练了小美玉们的耐性和信心。

第二节　研究节气探清明

周嘉玲

【学生阶段特征分析】

二十四个节气是中华民族对人类与自然关系解读的伟大创造，富有中国智慧，体现了“天地人事”的关联思维，充满智慧和情趣。经过千百年的发展，二十四节气已经融入人们的日常生活，其价值是不容忽视的。本文以四年级开展的“探索清明的奥秘”的主题活动为例，介绍微笑中队是如何通过活动探索清明节气的。

结合我校的“校园四季系列活动”——美丽春天节、缤纷夏天节、向上秋天节和温暖冬天节，以节气和节日为主题，引领孩子们有序地、有目的地开展班级活动且学习我国传统文化，进一步拓宽孩子们的成长之路。为了更好地让学生学习二十四节气，微笑中队开展了多项围绕探索节气的班队活动，探索不同的节气，如清明、冬至等节气。

本文以具有代表意义的清明节气为切入点，引导孩子进行多样的节气探索活动。

清明节是我国二十四节气中十分重要的一个节气，但是微笑中队的孩子对清明节的了解仅仅停留在“清明时节雨纷纷，路上行人欲断魂”以及扫墓的印象中，对其传统文化意义上的了解近乎为零。其实，二十四节气所包含的内容极其丰富，特色鲜明。从所体现的形式上看，既包括谚语、歌谣、传说，又包括传统生产工具、生活器具、工艺品、书画，还包括节日文化、生产仪式和民间风俗等。为了更好地探索清明节气所蕴含的文化，微笑中队的 44 位孩子被分成了 4 个小队：清明·颂、清明·吃、清明·俗、清明·玩，孩子们根据自己的兴趣加入不同的小队，在探究活动中体验节气对我们日常生活的重要性。

【活动实践】

清明时节识“清明”

在活动准备阶段，学生通过查找资料、制作手抄报、采访家人等方式，先对“清明”这个节气有了大致的了解，为小队确定活动主题奠定基础。

1. 查找资料，初识“清明”

结合校园四季系列活动计划，“清明”是继春分后一个广为人知的节日和节气。因此，本班探索清明的活动在寒假结束后就拉开了帷幕。学生通过网络、书籍和采访家长、老师等方式了解清明知识。资料搜集好后，便着手筛选资料，在班级里分享，使学生在交互学习中更全面地了解清明。

2. 小队商议，确立主题

对清明有了初步了解后，孩子们有许多想法，但却迟迟未能进入主题。因此，我们召开了一次班队课“探索清明的奥秘 • 策划会”，将重心下移，把课堂的话语权交还给孩子，引导学生紧紧围绕小队的主题，选择研究方向和呈现形式。孩子们的回答各有秋千，好像都有道理却又显得有些混乱；此时，班主任要做好指导者的角色，介入到他们的策划中，抽丝剥茧，与他们一起分析问题，提出有针对性的建议，确立研究的方向与目的。

各小队的研究方向及目的如下表所示。

各小队的研究方向及目的

小队	小队长	活动主题	活动目的
清明 • 颂	徐子悦	读古诗，懂典故	了解与清明相关的古诗
清明 • 吃	郑莹莹	做油泼馓子	了解地方特色清明食品
清明 • 俗	庞宗尧	介绍清明习俗	了解并学习清明习俗
清明 • 玩	汪进铧	制作风筝	动手制作风筝，提高动手能力

清明时节探“清明”

确立了主题和目的之后，新的难题又来了。孩子们对于如何将自己的探索成果呈现给全班同学还不是很清楚。本阶段学生应综合应用所学知识，制订小队活动计划，提升自主规划能力。“清明·颂”的小队长跟我说：“老师，怎么办？我们有好多好多的诗词歌赋要讲给同学们。难道我们要给他们上一节语文课？”为了解决他们的小苦恼，我们召开了第二次班队课“探索清明的奥秘·问题解决会”，将各小队在探索的过程中所遇到的问题列出，再借助全班同学的力量解决，真正做到重心下移，权力下放，让孩子们在探索中成长。通过两次班队课，各小队把核心的问题基本解决了，都在摩拳擦掌的准备大干一场。

清明·颂小队的活动计划

<table>
<tr><td colspan="2">小队名称</td><td>清明·颂</td><td colspan="2">活动主题</td><td>读古诗，懂典故</td></tr>
<tr><td colspan="2">小队成员</td><td colspan="4">徐子悦、周鑫洁、谢雨栖、谢美菲、王卓睿、李雨曦、曾天朗</td></tr>
<tr><td colspan="2">活动地点</td><td colspan="2">课室</td><td>小队长</td><td>徐子悦</td></tr>
<tr><td>具
体
安
排</td><td colspan="5">（1）每天利用晨会时间（7：50—8：00）向全班同学介绍两首古诗；
（2）制作宣传海报，宣传他们即将举行的比赛；
（3）利用午练时间分别举行了朗诵大赛和背诵大赛，学生从活动中感受到传统文化的无穷魅力，加深了对国粹文化的理解。</td></tr>
</table>

清明·吃小队的活动计划

<table>
<tr><td>小队名称</td><td>清明·吃</td><td>活动主题</td><td>做油炸馓子</td></tr>
<tr><td>小队成员</td><td colspan="3">郑莹莹、刘广蔚、彭聪颖、狄宇昂、邱和明、陈杰、农玮</td></tr>
<tr><td>活动地点</td><td>刘广蔚家</td><td>小队长</td><td>郑莹莹</td></tr>
<tr><td>项目</td><td colspan="3">内容</td></tr>
<tr><td>制作主题</td><td colspan="3">油炸馓子</td></tr>
<tr><td>制作材料</td><td colspan="3">鸡蛋 1 个、面粉 440 g、水 150 g、盐 7 g、香油 50 g</td></tr>
<tr><td>制作方法</td><td colspan="3">（1）面粉、水、盐、蛋全部混在一起。
（2）反复揉成光滑面团后醒发 30 min。
（3）将醒好的面剂子用手搓成烧烤竹签粗细的面条，盘入油盘中再醒发 40 min。
（4）团好的油球间隔摆入盘中入冰箱，冰藏 30 min 以上。
（5）醒好的面团切条就可以开始拉丝缠绕然后放锅里了。</td></tr>
<tr><td>制作时间</td><td colspan="3">上课前一天</td></tr>
</table>

清明时节享清明

各小队利用周末时间以及课余时间执行活动方案，在将近一个月的时间里，大家热火朝天地讨论着清明习俗。“清明·颂”小队利用各种资源学习与清明相关的古诗；“清明·吃”小队戏称自己“吃货小分队”，成员们总说：我们的目标是发掘清明的美食，带着同学们一起走上吃吃吃的路！因此，孩子们铆足了劲从各方面找寻美食；“清明·俗”小队通过网络查找、询问长辈等方式探索清明习俗；“清明·玩”小队决定结合“美丽春天节”探索春天与清明节相关的游戏。在搜索资料的过程中，他们发现出现最多的字眼是踏青，大家在商议之后决定以“风筝”为主题开展活动。在实践体验中，学生亲近自然，用心探索，理解并感受了节气生活，传承了节气文化，也能感受到与社会的联系和与他人的交往。

活动过程要求：

（1）各小队根据小队方案参与活动。

（2）家长做好安全保障和技术指导工作。

（3）各小队队员集中交流、分享收获，做好活动记录表，评选出两名优秀队员。

（4）小队长组织队员写好总结汇报稿，选定汇报人员。

实践体验活动记录见下表。

小队活动记录表（节选）

序号	观察／发现	探究方法／思考	收获体会	记录人
1	古诗很多，自己了解的与清明相关的古诗不多	上网查资料、向语文老师请教	中华文化博大精深，要多读、多看、多了解。通过宣传、朗读、背诵等方式认识古诗；体会到语文老师平时工作的不易	王卓睿（清明·颂）
2	食物品种繁杂、做工复杂	查网络资料、下厨房（APP）、询问家长	从制作馓子需要的材料、制作方法、制作地点、制作难度等方面体会到食物的来之不易；制作有难度，但是我们就算失败了也不放弃；学习到了地方特色美食	刘广蔚（清明·吃）

续表

序号	观察 / 发现	探究方法 / 思考	收获体会	记录人
3	玩也是有难度的，如何才能玩的与清明相关呢	上网查资料、寻求班主任帮助	从如何制作风筝→风筝放不起来怎么办→解决问题→跟同学们分享如何制作一只能成功放飞的风筝这几个方面探索，孩子们体会到在玩中学，学中玩的趣味。并在活动过程中学会不放弃，学会团结	曾江明（清明·玩）

各小队的活动既普及了与清明相关的节气和节日知识，又加强了孩子们的小组协助能力；培养了学生在交流中欣赏他人的长处，提升小队合作意识，培养自主解决问题的能力，使得班级凝聚力更上一层。在此基础上，孩子们更是兴趣浓厚，主动提出要研究下一个节气。通过总结分享活动，培养了学生归纳总结和语言表达的能力。孩子们不仅参与了探索节气的活动，同时也促使了家长参与其中，增强了亲子间的互动交流。

【教师自评】

1. 活动效果和反馈

通过探索清明的活动，孩子们与家长们都反馈收获颇丰。孩子们在小队活动的互动交流中进一步了解清明节气文化，激发探索节气文化的兴趣；家长们通过活动也重拾了对传统节日的重视，在活动中充当导师的角色，增强了亲子互动及沟通。笔者希望通过开展各种各样的与节气相关的活动，培养孩子养成以下习惯：引导孩子们重视我国传统文化；引导孩子们学习传统文化；鼓励孩子们主动探究我国传统文化；培养孩子们的动手操作能力；促使孩子们发挥主动性和积极性。

2. 活动延伸思考

通过此次活动，笔者愈加发现传统节气在现代生活中的缺失。在本活动结束后，笔者继续思考如何结合我校的“校园四季系列活动”将二十四节气融入日常班级生活中，甄选适宜本班的二十四节气的教育内容，构建班级特色，使内容、教育与主题有机整合，充分发挥其育人价值，让二十四节气教育活动走进孩子们的学习生活中。在小学教育中融入中国传统的二十四节气文化，无论是对孩子的个人成长，还是对民族文化的传承与创新都是十分有益的。所以，作为一名小学班主任老师，要不断地总结经验，探索更多节气的教育活动，并开展丰富多样的班级活动，让孩子们对二十四节气有更为深入的认识与了解。

第三节 秋分时节谈收获

徐 英

【学生阶段特征分析】

“天地有大美而不言，四时有明法而不议，万物有成理而不说。”节气文化的探究，是孩子们认识自然、亲近自然、爱护自然的一种途径，是文化传承的一种形式，更是提升孩子综合素养的一种活动方式。

四年级学生的交往空间进一步打开，交往与活动范围从校内走向社会和大自然。学生对自然现象、科学知识充满了好奇，我们开始探究如何将班级日常活动与学校“四季活动”结合起来。这次我们就以“秋分”这个节气为节点，促进孩子对中国传统节气文化的认知，增强民族自豪感；通过节气文化的探究，加强孩子对人与自然、人与社会的交往，提升孩子的交往合作能力。

随着信息技术的发展与普及，孩子们获取信息的渠道也越来越多，孩子处在一个知识的容器里，常常是拿来主义，获取的间接知识比较多，而直接经验比较少。四年级的孩子抽象思维能力、动手能力都处于发展之中。本次探究活动中，同学们分成述秋分、品秋分、诵秋分和戏秋分四个小队，给予孩子充分的探究时间与空间，让孩子在发现问题、分析问题、解决问题中，实现对秋分文化的探究与思考，同时满足孩子自主组织、策划，自主管理的需要。

【活动实践】

我们以前怎么过秋天？

每当秋季开学，我都会整理一份关于秋天的资料，让学生读一读，记一记，画一画。学生能很快熟记知识，但难免枯燥乏味。又到新学年开学季，我的“小彩虹”升到了四年级，经过三年的干部和岗位锻炼，“小彩虹”们自行策划、组织活动的能力不断增强，他们变成了渴望自主管理的“小大人”。简单书本知识和单调的班级生活动已不能满足他们成长的需要了。许多孩子由对自然现象和科学知识的好奇，渐渐地转向对未知生活的探索，“我与秋天有个约会”活动在这个时候诞生了。

今年秋天我们怎么过？

今年的秋天怎么过呢？有人说，秋高气爽适合旅游；有人说，秋天是收获的季节，要去果园摘各种各样的果子；还有人说重阳节、中秋节都在秋季，秋天是敬老孝亲的季节。“我与秋天有个约会”策划会就在我们的讨论声中形成了。

活动策划是活动顺利开展的关键，也是最能够体现学生组织、策划能力的重要环节。

策划会上，小组长们不但展现了小组初步的活动方案，还把需要解决的问题以“问题清单”的方式呈列出来。

初遇问题：

（1）养生组做养生汤与美食组的方案重复。

（2）美食组的方案很受欢迎，人气爆棚，资料组的方案无人问津。

资料组组长提出：我们组的成员都比较内向，活动积极性不高，而运动组成员学习能力、思维方式相对比较好。人力资源配置不均衡。

（3）都想着从网上搜集资料做成知识手册，活动方式单一。

尝试解决：针对小组人员不足的问题，各个部门根据活动需要，限制每个岗位的人数，使得人人有事做，事事有人做。

问题升级：本以为只要各组人数相当就可以了，孩子们又发现学习能力较强，活动积极性相对较高的孩子组成一组，参与意识相对较弱的孩子组成一组。这样一来活动效果将大打折扣。

教师介入：分组不合理只是问题的表象，深层次的原因是，孩子们对各组探究内容还不够了解，探究方式单一。因此，我引导孩子们思考，怎样才能让我们的探究活动好玩有趣又能收获知识、锻炼能力？

问题解决：小组长们想到了以问卷的方式进行调查，将同学们的意见整理归类，最后将“我与秋天有个约会”分成述秋分、品秋分、诵秋分、戏秋分四个小组进行探究活动。述秋分组采用制作秋分资料册、知识抢答赛的方式普及秋分知识；诵秋分组展开南北气候大调查，探究地理位置与气候的相互关系，以及由此产生的南北方不同的秋分习俗，编成顺口溜教大家传唱。戏秋分组希望通过游戏的方式开展强身健体活动周；品秋分组希望孩子们在美食中体验秋分的甜蜜。

为了方便沟通，每个小组都建立了自己的 QQ 讨论组，成员约定每天晚上

7：30—8：00 为网上汇报时间，分享自己的探究成果和遇到的问题，我也准时上线，关注四个群的活动动态。

从四年级开始，孩子开始依据自己的标准组成相对稳定的小团体，如兴趣爱好、成绩水平、性格倾向等，这使得部分同学局限在一个小圈子里，排斥其他同学，交往面因此变窄，个别学生需求容易被忽略。只有探究内容细化，进一步明确岗位任务与职责，才能让每个孩子找到与之匹配的岗位，实现个性发展的同时兼顾团队合作效率的提高。

今年秋天这样过

策划会后，各项目组按照各自方案开展活动，并坚持每晚在 QQ 上讨论反馈自己的活动动态。在浏览孩子们的留言时，我发现了很多共性的问题，比如，述秋分组在第一次做知识手册时，就是各自把搜集到的资摘录到同一个本子里，四个人四种字体，没有图片，他们也觉得缺少观赏性。又比如美食组，他们查阅到古时秋分有吃“粘雀子嘴”的习俗，但搜集到的“粘雀子嘴”的食材外形资料五花八门，到底是用什么做的？做成什么形状？孩子们拿不定主意，活动也停滞不前。之所以出现这样的问题，是因为孩子们思维没有打开，还不懂得借助身边的资源来解决问题。策划会后的第三个晚上我们在 QQ 群里召开了“探究秋分推进会”，每队的记录员将自己小队遇到的难题和需要协助的信息都发到 QQ 群中。

老师作为指导者，立即展开答疑，“孩子们，当有些问题我们现在还没有能力解决的时候，你们有没有想过寻求他人的帮助呢？”制作手册的同学马上想到找擅长画画的同学帮忙，请教美术老师如何设计封面，述秋分组进行组内重新分工。资料组想到去图书馆找资料，请长辈介绍家乡秋分习俗。有个孩子的妈妈是医生，小组同学经过商量，派出两位“小记者”前去采访，学习秋季防病养生知识，还获得社区免费提供的消毒液。在活动与交往中，“小彩虹”们不仅实现了多学科知识的融通，提高了动手、动脑能力，良好品德也在无形中养成。

分享我们的秋天

经过两周的策划与实施，每个孩子对活动都有不同的体验和收获，每个小组也都形成了自己的作品，为了进一步巩固活动效果，放大育人价值，于是有了我们的“甜蜜秋分分享会”活动。9 月 23 日“甜蜜秋分分享会”在年级层面开展。值得一提的是，上台分享的主角不再是常常抛头露面的“学霸”，而是平常比较内敛、害羞的同学。为了让汇报者有较好的表现，各组还自发进行组内培训。培训内容包括队形、站姿、汇报稿的撰写与修改、回答问题的注意事项等。汇报的同学也非常珍惜汇报分享机会，他们利用课间时间进行排练，晚上把汇报的练习视频发到群里，让队员提意见。功夫不负有心人，在“甜蜜秋分分享会”当天，汇报者仪态端庄、自信大方，汇报条理清晰，总结的经验具有非常强的实践操作性，赢得台下的阵阵掌声。

有位同学对美食组提问：“你们的‘粘雀子嘴’，老人、小孩吃了不易消化，应该取消。”马上有位女生站起来反驳，“糯米有营养，奶奶说还能做药引子。”也有同学提议说可以用其他材料来代替糯米粉。还有同学说吃“粘雀子嘴”是秋分习俗的一部分，它代表了农民伯伯对丰收的渴望。只在秋分的时候吃一次，老人家细嚼慢咽没有问题。

在戏秋分组汇报时，有同学提问：在古代秋分，有个投壶游戏是必玩项目。你们组为何没有组织大家玩？队员回答道：古代的投壶是铜壶，用竹片削成箭来投，为了安全，我们本来想用纸团代替箭来玩投壶游戏。后来，我们发现玩这个游戏变成了纸团乱飞，不利于班级卫生。所以我们取消了。

由此，我们看到孩子们的收获已不限于节气知识的掌握，还有探究能力的提升，更加了不起的是在尊重传统文化的基础上，因地制宜，创造适宜节气和自身需要的新活动——组建校园第一支“约跑队”。

总结会后的第一周，孩子们将探究秋分活动成果制作成秋分资料册和文化墙展板，分成述、诵、品、戏四个模块在全校进行展出。有的组负责讲解，有的组负责展板维护，有的组负责参观纪律、卫生等，大家各司其职，保证活动有条不紊地进行。

【教师自评】

（1）真体验，活探究。我常跟孩子说，探究就是先选定一个主题，围绕它在我们的学习生活中找出潜藏的秘密。这样的指引，一方面让孩子们的探究有迹可循，另一方面也避免“清单任务式”活动的被动，孩子们活动的主体地位得到落实，探究热情得以维持。三年级的孩子正处于儿童期向少年期过渡的时期和个性发展的转折点。他们开始表明自己的主张，不再以简单服从师长权威为最大的荣耀，自主意识和集体意识明显增强，但自我管理能力还不够，作为老师，我们要做的就是鼓着聚焦主题的风，让孩子们握着探究的线，用他们自己的方法，放着他们自己的风筝。一方面使他们在集体活动中获得展现自我的机会，增加孩子自信心和集体荣誉感；另一方面，满足了孩子对同伴交往的需求，学会在协调中达成自己的目标，在任务中学会担当，为下一次的探究打下基础。

（2）真探究，收益多。以往我们老师整理出一套关于“秋分”的资料，让学生读一读，孩子们很快就能记住，这样的认知是平面化的，学习起来难免机械和枯燥。这次秋分的系列探究活动，孩子是活动的组织者、策划者、参与者、实施者，不管是一波三折的“秋分活动策划会”，还是审时高效的网上“探究秋分推进会”，孩子们在发现问题、分析问题和解决问题的过程中，学会协商，学会面对，学会利用与管理资源，从而实现综合团体的协作能力、运作策略、组织能力，自我管理能力也提高了，最终实现综合素养的提升。

第四节 十岁成长生日会

贺 洁

【学生阶段特征分析】

十岁意味着儿童告别幼时的淘气、顽皮，学会更多的本领，懂得更多的道理，承担更多的责任，付出更多的关爱。四年级学生正处在由儿童期向少年期转变的过程，即将步入五年级。“十岁生日会”是四年级的重大节点活动，这是孩子们人生当中第一个十年，这个成长节点十分重要。孩子们经历了十岁生日申办会、招募会、策划会、推进会、十岁生日活动。本次活动旨在通过对这一系列活动的总结，来培养学生的问题解决能力和应变能力；通过分享和交流点赞，学生学会欣赏他人的长处，提升小队合作意识。

玉律学校的学生都有自己的社团，其中约有三分之一还加入了校级特色社团，如水墨社、书法社、合唱社、管乐社、建模社、3D 打印社等。丰富的社团生活，使得他们的爱好、特长得到发展和展现。通过观察、访谈、与各科老师交流，我发现四年级的孩子的竞争意识、小队荣誉感都很强。但队间活动交流、合作很欠缺。比如，为这次十岁生日会提前准备拍照组合，就有几个同学落单，没有找到自己的拍照伙伴。在生日会筹备过程中，部门与部门之间、部门成员之间也发生了一些小矛盾。希望通过这次十岁生日会总结活动，在交流中，学会为他人点赞，学会欣赏他人的长处，改善同伴关系，提升班级凝聚力。

【活动实践】

系统构建做准备

本次活动是“十岁生日会”系列活动中的总结。为了使本次总结会顺利推进，我们前期做了以下活动准备。

（1）让学生制作“家庭树”“十岁成长清单”，完成“写给15岁自己的信”“心愿卡”等活动，使孩子们体会十岁不单单是身体上的成长，也是精神上的成长。

（2）举行了“十岁生日会之申办会”。这次申办会，使孩子们意识到要想取得“申办权”，不但要向别人学习，完善自我，也要注重平时与同学的交往与沟通方式（各队实力相当，最后赢得申办权的小队，并非策划方案最优的小队，而是平常活动人气最旺的小队）；同时也使孩子们愈加期盼“六一”那天的生日会。

（3）进行“十岁生日招募会”，一是为策划会做好部门分工工作；二是通过讨论项目、主题小队与项目部的对接、任务与能力的匹配，实现物尽其用，人尽其才。

（4）举行“十岁生日策划会”，前期通过问卷调查、观看局前街小学的十岁生日会视频、学校去年的十岁生日会视频，统筹部与其他三个部门策划、讨论、确定此次生日会分为四个篇章：成长篇、祝福篇、感恩篇、立志篇。

（5）举行“十岁生日推进会”，各个部门汇报完成进度，提出遇到的困难，各部门商量解决方案。

（6）在6月1日当天举行“十岁生日会”，各个部门前期的努力得到了完美的展现，孩子们度过了一个有成长感和仪式感的难忘十岁生日会。

分工合作解问题

1. 后勤部

后勤部要承担布置会场、宾客引导、安排位置、准备服装、维持会场纪律等各项事宜。他们的工作看似简单，却又细节满满。活动中他们遇到了很多困难，比如，在粘气球的时候，黑板上的气球总是掉落，他们向老师借了双面胶和胶纸，双重加固，保证了气球美美地保持在黑板上。还有在布置会场时，同学们的位置都被打乱，为了让同学们在第二天能有序地进入会场、静候生日会开场，他们准备了各个部门的同学名单，在椅子上贴上各个同学名字。

虽然后勤部的同学们遇到了很多问题，但他们并没有放弃，而是不断地想办法寻求帮助。十岁生日会活动，让我们的孩子更团结。

2. 统筹部

生日会上，统筹部选取了大家都喜欢的《大梦想家》和朗诵节目，他们还邀请了家长、老师和三年级的同学们。统筹部第一次做出来的节目单，经过同学们讨论，发现有以下三点问题：①节目形式单调；②节目顺序混乱；③主题不突出。基于以上问题，统筹部对节目单进行了修改。第一，在朗诵节目后增加了合唱《感恩的心》以及对父母、老师表示感谢的环节。第二，将本次生日会分为四个篇章，分别是成长篇、祝福篇、感恩篇、立志篇，有效地解决了节目顺序混乱的问题。第三，本次生日会的意义在于总结过去十年生活的得失，感恩成长道路上帮助过孩子们的父母、老师、同学，同时做好对未来生活的规划。在此基础上统筹部增加了家长代表致辞、观看往昔班级纪念册、写给十五岁自己的信等活动环节，让活动主题更突出，生日会意义更深远。

在活动过程中，统筹部还向各个部门派出了特派员，来监督活动推进过程、协助大家完成任务，以及把大家的意见收集起来，然后根据情况来协调统一。比如，后勤部成员反映生日会现场不能有生日蛋糕的事情，经过讨论，统筹部、后勤部和节目部商量虽然没有蛋糕，我们可以买电子蜡烛，买蛋糕样子的气球，尽量给生日会营造过生日的氛围，增加许愿墙、投心愿瓶、十岁誓词环节，让队员们的十岁生日更有仪式感。

3. 宣传部

经过宣传部队员们商议，宣传部分为海报组、邀请组、拍照组。海报组中个个都是小画家，他们负责制作部门分工海报、生日会宣传海报、生日会总结海报。邀请组的成员都很有礼貌，个个心灵手巧、聪慧敏捷。他们在做邀请函的时候遇到一些困难，于是邀请了以前承担过邀请函制作工作的曾宇轩来帮忙出谋划策。在写邀请函的时候，邀请组人手紧张，他们又邀请了年级里“小小书法家”吴俊毅来帮忙写邀请函，他们不仅邀请了老师、家长，还邀请了三年级的同学们来参加十岁生日会，等明年三年级举办十岁生日会时就不会毫无头绪了。

拍照组没有手机，所以他们在活动过程中就借用来参加活动的父母的手机来拍照。活动结束后，宣传部做了十岁生日会攻略，并且印发给三年级的同学们，让更多的同学们了解到十岁生日会的相关情况。

4. 节目部

节目部的同学在学习之余自觉安排时间排练。周末在公园排练时，他们的语速太快也不够自信，所以他们邀请了语文老师来对他们进行指导。节目部还邀请其他班的同学进行朗诵交流表演。经与统筹部商量，节目部决定朗诵的题目为《常怀一颗感恩的心》，在朗诵之后加入《感恩的心》的合唱环节，来表达对父母的感恩之情。

在这一系列活动中，节目部在排练节目中对排练时间、地点出现过分歧，但是他们会静下心来交流想法，克服困难，团结合作。

【教师自评】

1. 活动效果或反馈

经历了十岁生日系列活动，孩子们与家长们都反馈获益匪浅，学生在一系列的策划、排练、沟通、总结中也更能体会到父母和老师的不易，这也是一种感恩教育。在活动中，各种意外层出不穷，但是孩子们从不放弃，他们的协调能力、合作能力都得到了提升。在交流中，队员们学会了欣赏他人的长处、为他人点赞，提升小队合作意识，强化了集体意识，孩子们的主动积极性得以发挥。一系列活动下来，孩子们明显成长了，自行策划、组织活动的能力增强了，有一定的担当和责任感。

2. 活动延伸思考

毫无疑问，十岁成长生日会仅仅是学校生活的一部分。这不是一次偶然性、突然性的展示，而是孩子们日积月累的付出后，成长性、长程性的展示。孩子们在所有小伙伴的见证下做一个汇报展示，意义重大，对于孩子们来说，不仅是展示自我，通过更是挑战自我，这一系列活动的展开，孩子们能打开心胸，不仅会关注个人成长和小队成长，更关注班级成长，向成长目标跨进了一大步。

系列活动重建回顾

【成效体现】

1. 自身的成长

在幼小衔接活动中学生开始认识到自己是社会的一员，也可以承担责任。学生完成了由被照顾者到照顾者角色的转变，感受到了自身的成长，情感也在其中得到了发展。活动的举行使得孩子们有了更为宽阔的活动空间，复杂的活动环境也给了孩子们更大的挑战，这些挑战给孩子们的成长提供养分，孩子们在战胜挑战中逐步提高了理性思考的能力，在策划和推进过程中，智慧得到锻炼，自信得到加强。

在具体的实践中出现的各种不同的观点，让学生明白在合作中求同存异，只有包容不同观点与声音，合作的活动项目才会更精彩。学生通过活动实践变得更加宽容、开放、自信，合作交流能力得以养成，正确的价值观、世界观也将让孩子们受益终身。

2. 班级的成长

各项活动的开展优化了日常集体生活背景，构建了成长型的班级人际关系。在活动的开展中原本的小团体被打破，改变了班级小团体封闭的情况，促使各类非正式群体主动与其他群体相互交往。让原本固化的班级生活因为活动的开展，从单人活动变成了多人合作，学生对同伴的认识逐深刻，班级的集体荣誉感也将进一步加强。

探寻中国传统文化，塑造班级灵魂。中国传统文化中有着诸多“真善美”，通过与学科相结合的方式探寻中国传统文化，既提升了学生的知识文化水平，也激发了学生的爱国情怀。在挖掘传统文化的精髓的过程中，学生受到传统文化的熏陶，民族认同感不断增强。班级文化在这样的环境下也注入了灵魂，为后续开展活动奠定坚实的基础。

3. 家庭的成长

节日承载的不仅是文化传统，更传递着家庭的温情。在探究清明节气的活动中，“吃”小队的构建与家庭温情紧密联系。学生虽然已经有了一定的实践能力，但在制作特色小食上依旧离不开家长们的帮助，这对提升亲子关系起到了良好的润滑作用。十岁成长生日会中开展的感恩教育，依托发自内心的言行来表达对父母的感激与爱，使亲子间达到心灵的互动，不仅促进了亲子关系的发展，而且还让学生的情感朝体验深刻化发展。

【理性思考】

1. 自然资源

在字典中，自然性资源是指自然界中对人类有利用价值的物质。教育中可利用的自然性资源不仅包括静态的自然界中的物质，还包括与自然相关的活动，如春天放风筝、秋天登高等。班主任在教育过程中将自然性资源合理运用，可以丰富学生对生命、自然、宇宙的认识，触摸到人与自然和谐共通的生命韵律，从而发挥强大的、不可替代的学校育人之整体价值。在探寻节气文化时，我们不妨从这方面入手，设置丰富有趣的课外活动，满足孩子们的成长需求。

2. 社区资源

传统的班队活动主要是基于学生在校生活开展的。然而，学生不仅仅是学校中的一员，更是社会中的一员。所以，必须鼓励学生深入社会大课堂，实现社区多重教育资源的整合。现实中学校与社区的合作往往只是为某一次活动展开，缺乏长效合作的机制。因此，在活动过程中，建立资源共享平台尤为重要，开发出一种适合双方的最优合作模式，才能使社区资源持续性再生。

3. 家庭资源

父母是孩子的第一任老师，家庭是孩子健康成长的沃土。换一个角度思考，学生的父母同样可以成为所有孩子的老师，每个孩子的父母职业和特长各不相同，能带给孩子们的教育资源也会不同。将家长请进学校可以有效弥补学校教育资源不足的问题，同时也能让被请家长的孩子为自己的父母感到骄傲。

第五章　更换大领巾 承担大责任

五年级是小学阶段学生自主性、主动性发展的关键一年，他们的思维能力从幼稚浅表发展到理性深刻、组织能力从低年级段的依赖服从到自主策划，五年级的群体关系也走向多样性、复杂性。他们是小学阶段的中坚力量。当六年级面临着小升初毕业的压力之时，五年级就是学校各类型活动的主要参与者，他们起着非常重要的示范和引领作用，他们的角色和责任也突显出来了。在这个成长阶段，他们正面临着更大的挑战，主要体现在以下三方面。

第一，个体成长阶段的需求

随着个性的独立，他们希望得到别人的肯定，在和同龄人和家长的相处中，他们也不愿意被当作情绪化、不成熟的对象。他们迫切地想要通过教育活动的平台来获取成功的经历，从而赢得赞誉和表扬。

第二，班级岗位拓展的需求

五年级的班级内部组织在经过四年的岗位工作之后已经趋向稳定、成熟，而五年级学生的策划能力和组织能力在班级内部已经得不到满足，他们需要更大的岗位空间和背景去实现学生成长的需求。而建立年级性的、跨年级性的校园岗位网络结构可以将班级、年级、校级岗位组织交织在一起。

第三，校园群体成长的需求

从学校年级群体角度来说，不同能力的年级差异是可以调动群体进步的资源，一五年级需要双向互助成长。一年级新生在进入校园后学习和生活各方面都需要适应和过渡，是需要接受帮助的客体。五年级的哥哥姐姐们有熟悉校园、良好习惯、组织能力等优势，但是缺乏树立责任感和成长感的帮助对象。

综上所述，并依据少先队组织建设的要求，少年队员在五年级这个节点需要开展“更换大领巾”的队仪式活动。因此，我们以“更换大领巾”作为活动节点，通过一五年级手拉手的形式建构主题成长系列活动，让学生在系列活动中感受少先队员的使命担当，提升责任示范作用，提高实践活动能力。

第一节　手拉手校园寻宝记

温桂勇

【学生阶段特征分析】

目前普遍存在一年级学生在刚入学时不能适应小学生活的问题，他们的“自我中心”意识较强，不会关心别人，人际交往能力较弱，缺少合作的意识和能力等。为此，玉律学校对一年级新生提出以下的发展目标：认同“小学生”角色，养成良好的学习和生活习惯，形成规则意识；喜欢学习，喜欢学校生活；自信，有礼貌地与教师、同学交往；成为集体的一员，愿意为班级和其他同学服务。“手拉手校园寻宝记”系列活动便应运而生，通过发动五年级学生对一年级新生的班级生活中的方方面面进行帮助，既满足了五年级的孩子们在迈入高年级段后的成长需要，更多参与学校层面的活动，提升责任感，又使得一年级的孩子们在岗位工作、小干部工作、课间游戏等得到帮助和指导，使他们适应学校生活，提高自我管理能力，养成习惯，更好地融入学校的大集体，激发他们对学校的热爱，产生归属感。

【活动实践】

九月的新面孔

时维九月，大家相聚玉律学校。

伴随着金色阳光，玉律学校的校园里迎来了回归的孩子们，也迎来了新生面孔：刚踏入一年级的孩子们。他们对校园的一切都是那么的陌生，充满着好奇与不安。当他们从幼儿园走进小学，首先最能感受到的应该是生活空间的变化、个人身份的转变以及随之而来的学习任务的变化，成为小学生也就意味着学习任务将成为其重要的生活环节。同时，孩子们需要遵守行为习惯、学习习惯各方面的系列化的行为规范和规则。

因此，为了让孩子们第一眼就能觉得即将开始的小学阶段的生活学习好玩有趣，感受到新学校亲切温馨的校园环境氛围，感受到来自伙伴的甜蜜、来自班主任老师的甜蜜以及对一年级学习生活的憧憬，从而让一年级的孩子们喜欢班级，喜欢学校，喜欢同学，喜欢老师，喜欢上学这件事情，进而发自内心地萌发一种共生共荣的集体“命运共同体”意识——在教育的视野下，是更为清晰的“成长共同体”意识，这时便显得尤为重要。

此外，在幼小衔接的过渡层面，由于小学阶段的各项生活、学习的习惯、规范与幼儿园时期有着较大的差别。因此，有必要让一年级的孩子们充分地认识并自觉遵守学校的各项明确要遵循的规章制度，达到规则的内化水平，形成初期的自觉意识。所以，为良好地度过幼小衔接，融入小学阶段的集体生活，在一年级的孩子们刚踏入校门开始，需要有一个仪式感强且伴随着纪念意义的跨年级活动，同时能够以薪火相传的方式，形成良性循环，让孩子们和下一批一年级的孩子们能更好地适应校园生活，融入校园大环境之中，保持一种向上的、持续的、发展的状态，这点至关重要。

哥哥姐姐来帮忙

为此，玉律学校为一年级新入学的孩子们专门筹划了“甜蜜蜜”的校园寻宝记系列活动。为扩大活动的育人价值，将其打造成为系列化的常规活动，玉律学校将甜蜜蜜的手拉手校园寻宝记系列活动定位为跨年级交往活动，通过一年级和五年级学生“大手拉小手”的活动形式开展活动探究。

之所以选择五年级作为校园寻宝记系列活动的主体，是介于五年级孩子已有的能力水平和自身的成长诉求：①面临学习任务与压力，他们渴望丰富多彩的生活和多维度的人际交往。②五年级学生结群交往蕴含着他们丰富的精神发展需要和可能。③引导和帮助五年级孩子用实际行动踏踏实实投入目标导向的行为中，能够为孩子自我调节能力的发展打下良好基础。④多重岗位的开发使五年级孩子在学校生活中的角色变得丰富起来，也从多方面促进学生的成长。⑤五年级学生已经能够比较成熟、自主地组织活动。

五年级手拉手

关于活动方式，生动有趣的游戏获得了孩子们的一致认可。于是，五年级的孩子们在学生发展中心及班主任的帮助下，制作了“手拉手校园寻宝记”PPT 以及活动海报，同时在校园内共设置了四个“宝藏”点：“玉”“律”“学”“校”，涉及校园生活“秘籍”、愉快学习的规则、欢乐游戏技巧等。在寻宝前，每位孩子还会得到一张藏宝图和寻宝盖章卡相结合的精美纸卡。

其中，PPT 讲解环节是五年级孩子们考虑到一年级的弟弟妹妹们对玉律学校还比较陌生而为其精心制作的，作为寻宝前向一年级的弟弟妹妹们介绍寻宝活动的细节以及分享学校常规和好玩的故事使用；而精美纸卡则是作为区域活动规章制度有关问题竞答通过的凭证，上面会盖上代表每个区域的小印章。在充分的准备下，一场别开生面的以手拉手跨年级交往为主题的寻宝记活动如约而至。

开学第一天，五年级的孩子们精神抖擞，按照班别对应的方式（如五（1）班对应一（1）班，以此类推）进入一年级各班。五年级孩子们先是派出代表作为“小老师”，根据 PPT 内容，认真向一年级的弟弟妹妹介绍校园生活学习规范，分享在玉律学校生活的点滴。当五年级哥哥姐姐们介绍到即将进行的校园寻宝活动的时候，一年级的小朋友们便跃跃欲试了。在准备好之后，五年级的哥哥姐姐们承担起了带领一年级的弟弟妹妹们认识校园、介绍各项学校的规则的任务，由一位五年级的孩子带领一位一年级的小孩子出发寻宝啦！

甜蜜蜜的寻宝之旅

只见他们大手拉小手，五年级的孩子为一年级的孩子介绍玉律学校的一园美景，带领他们认识校园，教他们使用学校的各类基础设施等，孩子们一起在玉律学校校园里寻找与收获着玉律学校的大宝藏！那紧紧牵着的大手和小手，是一份责任，是一份担当，更是一份成长的勇气。

于是，一幅温暖的寻宝图在玉律学校校园缓缓展开。

一年级孩子：姐姐，你看，我会正确使用体育设施哟！

五年级孩子：很棒呢，记住要注意安全哟！

一年级孩子：看，池塘里有鱼。小鱼儿，小鱼儿，我可以和你做朋友吗？

五年级孩子：走，姐姐带你去看最美的玉律学校！

一年级孩子：哥哥，你看，我会正确洗手！

五年级孩子：你是神气的小小美玉，你真棒！

五年级孩子：弟弟，我教你用直饮水的开关吧！

需要注意的是，寻宝路上，在完成某一区域寻宝的任务后，五年级的哥哥姐姐们会根据弟弟妹妹们的寻宝现场学习表现，给他们手上的寻宝卡“贴宝藏”盖章点赞，在集齐七个“宝藏”后，一年级的弟弟妹妹们就可以召唤专属小美玉奖章：习得章！在活动中，传承玉律学校精神，互相帮助的教育意义跃然于纸上，也铭记在小小美玉们的心中。而五年级的哥哥姐姐们在认真负责地完成“大手拉小手”校园寻宝活动后，获得了现场家长义工们的一致赞许：五年级的学生就像是个小老师，讲解得多么耐心细致啊！

一年级的弟弟妹妹们还制作了精美的感谢卡片，送给五年级的哥哥姐姐们：谢谢哥哥姐姐带我们去寻宝；我喜欢美丽的玉律学校，我喜欢你们！

前沿后续

“手拉手校园寻宝记”系列活动除了开学前期的准备以外，在一年级的孩子们还在幼儿园毕业班、五年级的哥哥姐姐们还在四年级的时候，便已经通过一场别开生面的“幼小衔接手拉手”之“带你看看未来的学校”的活动，由哥哥姐姐们带领幼儿园的弟弟妹妹们来到玉律学校，让弟弟妹妹们与小学生活来了一次亲密接触。因为有了这样的前期铺垫，孩子们互相之间，对校园都已经有了初期印象。因此，“手拉手校园寻宝记”活动才节省了孩子们互相熟悉的环节与时间，顺畅有序地进行。

当一年级的弟弟妹妹们升到四年级时，他们便会自然而然地承担起“幼小衔接手拉手”之“带你看看未来的学校”的责任；继续为“手拉手校园寻宝记”系列活动作准备。如此以往，活动便形成了一个有系列、有序化、有温情的良性循环的跨年级交往系列活动，在传承校园文化精神、塑造孩子责任担当和成长方面起着举足轻重的作用，薪火相传，生生不息。

【教师自评】

1. 活动横向拓宽

“手拉手校园寻宝记”系列活动已形成了一个有系列、有序化、有温情、良性循环的跨年级交往的系列活动，但如何拓宽活动的辐射半径以及作用仍值得去挖掘，如拓宽参与的年级，甚至以年级段为单位；还可拓展开放为社区的适龄儿童；其后甚至可以邀请特殊学校里的孩子参加，以扩大活动的参与面、辐射面，实现育人价值的最大化。

2. 活动纵向拓深

除“幼小衔接手拉手”之“带你看看未来的学校”“手拉手校园寻宝记”等活动外，可否进一步挖掘跨年级交往的系列活动的深层意义和价值？活动是否反映学生成长的新现象、新问题？如何体现跨年级的正式合作与正式交往的区别？能否应用于其他全校性的跨年级活动？……倚助“手拉手”系列活动，将问题研究继续深入，活动的育人价值与教育意义便进一步拓深了。

3. 活动再重建

能否进一步将重心下移与再开放，这是对活动的另一思考。如宝藏盖章卡可否让学生以比赛选拔的方式，自主设计图案，自主竞争，形成全员参与，这样不仅扩大活动的影响面，而且丰富了校园文化生活，还兼作宣传推广，一举多得；此外，如 PPT 讲解培训，可否选拔学生，由教师对其培训，再由他们对其他同学进行培训，满足高年级学生对岗位多重化的需求，使活动更开放，重心更下移！

第二节　岗位手拉手

国曼丽

【学生阶段特征分析】

玉律学校一直以来持续开展“手拉手”系列活动，小岗位建设的活动是“手拉手”系列活动之一。小岗位建设基于不同年级段的学生都有明晰的层级要求，低年级学生上岗，学习岗位工作的方法；中年级学生对岗位进行升级，或合并或增添，让岗位更适合学生的生活；高年级岗位范围扩大，从班级岗位延伸到帮助一年级进行岗位招聘活动，逐渐培养高年级学生的责任意识和自我管理能力。

【活动实践】

李家成教授曾说过："我们要实现每个孩子都有获得，有发展，就要找到每个孩子的最近发展区。"这句话启发了我，活动的策划和开展必须立足于班级日常最真实的状态。

五（4）班是今年 9 月我刚刚接手的新班级，班级共 45 人，男生 29 人，女生 16 人。五年级学生认知发展的特点是逻辑思维能力有了明显的提高，自我概念趋于稳定。他们能够逐渐理智地分析问题，客观地评价别人和自己。不像四年级以前那样受情绪和情感的影响较大。自我意识和能力的发展，使得他们能够超越儿童式的幼稚、浅表的认识，对一些综合性的知识能恰当地把握。五年级是学生自主性发展较强的一个阶段，学生能够在目标的引导下学习和活动，发展的主动性增强。

通过小学阶段四年多时间的学习和发展，他们对于小岗位工作游刃有余，有了自己的一套工作方法和自主管理方式，能够更高效地完成班级日常工作。但事物总是有两面性的，学生在本学期的小岗位工作中出现了倦怠的苗头。基于此，本班将小岗位工作的职责和工作方式进行了一系列的梳理和总结，生成了小岗位工作指南，进而制作小岗位指南绘本，将本班的智慧结晶在全校进行宣传，促进其他班级的小岗位工作建设。

精心策划做准备

活动开始前，同学们积极踊跃地参与到准备活动中。每个小队制定好自己的招聘计划，了解自己小队的人员需求，制作小岗位招聘会的 PPT 以及每个小队的具体招聘方案。解说组、绘画组、小发明组、招聘组分别划分好各自的工作范围，并根据本组的活动要求安排好小组成员的工作。最后在老师的引导之下成立评审团，做好小岗位展论证会筹备工作。由于"我的岗位我做主"是系列活动，进而在同学们的商讨以及老师的指导之下，我们将系列活动拆分成了四个小活动，以此保证活动的顺利进行。

"我的岗位我作主"活动分为如下四个活动。

活动一：小岗位招聘会——五（4）班学生作为招聘人员对一（4）班学生进行小岗位招聘。

活动二：《小岗位工作指南》绘本制作——根据招聘会的反馈以及日常小岗位工作，结合美术的绘本制作方法，将文字版的小岗位工作指南转换为生动有趣、简单易懂的《小岗位工作指南》绘本。

活动三：小岗位展论证会——利用班会课对小岗位展的可行性进行论证，评议小岗位展是否有展出的必要性。

活动四：班级小岗位展——《小岗位工作指南》绘本、岗位小发明、小岗位招聘会工作流程等成果在学校展示台展出，并通过宣讲的方式在一年级对小岗位绘本指南进行介绍。

回忆梳理共成长

五（4）班和一（4）班的小朋友们一起举办了小岗位招聘活动，利用美术课制作了精美的《小岗位工作指南》绘本。在日常的小岗位工作中同学们制作的各种小发明们的工作经验和成果是否可以开展一个展示会呢？我们请各小组给大家介绍本组的活动，并由评审团来商议论证这个展示会是否有展出的意义。

在过去的一年中笋芽儿中队和小海星班级一起合作开展了不少活动：入学第一天，一年级小朋友们踏着甜蜜蜜的糖果之路来到了美丽的玉律学校，开启了他们的小学生活之旅。紧接着五（4）班笋芽儿中队带着一（4）班的弟弟妹妹们去学校的各个角落寻宝啦！带着他们熟悉校园环境，熟知学校的文明礼仪，为接下来的小学生活做好准备！每天，笋芽儿中队都派了晨读管理员、午读管理员、卫生管理员、领操员等去协助一（4）班做好班级的管理工作。教师节那天，笋芽儿中队和一（4）班小朋友们开展了共读绘本活动，带领小朋友们深入了解教师节的来历。

在本学期的国旗下讲话活动中，笋芽儿中队和小海星中队的小朋友一起上台，进行了《心怀感动，学习感恩》的主题演讲。经过了9~11月三个月小学生活的洗礼，“小海星”们越来越厉害啦！他们都能慢慢地适应学生生活和管理自己的时间。

招聘岗位助管理

笋芽儿中队帮助小海星班级策划组织了一场小岗位招聘会，帮助他们选拔了小岗位的工作者，让他们学会自主管理。一年级的学生们刚上小学，还不懂得自理，所以笋芽儿中队队员要帮助他们管理好班级。但是笋芽儿们又不能一直管着他们，笋芽儿中队队员要把他们在学校五年的管理经验传授给他们，让他们学会自理。所以这次招聘会十分有意义。各小队利用自己周末休息的时间来准备这次招聘会，等到招聘的时候再大方地展现自我，真是“台上一分钟台下十年功”。招聘会设置了领读员、领舞员、领操员、午读管理员和卫生管理员等招聘岗位。

招聘分三轮进行，第一轮是由一（4）班的班主任王老师进行预选，第二轮是由笋芽儿中队每个小队员进行海选，第三轮是根据各小队招聘的岗位专业进行选拔，最后选出两位合适的小朋友来担任这个职位。

大雁小队的队员要求所有想当领舞员的小朋友会跳每一套校园舞；雄鹰小队的队员让所有想当卫生管理员的小朋友懂得如何让我们的教室变得更美丽；白鲸小队由两位男同学扮演午读讲话的场景，考验一（4）班小朋友用什么方法去管理；熊猫小队的队员让所有想当领操员的小朋友能准确规范地做好所有广播体操；蚂蚁小队的队员让所有想当领读员的同学，把领读的课文熟读熟记。最终，每个小队选出了两位适合工作岗位的同学。我们带领这些优秀的同学，教会他们如何管理班级，让一（4）班的学习生活更加多彩。

绘本助力促学习

招聘会结束后，我们还采访了一（4）班的王老师，她说这次招聘会能让每个小朋友都有展现自己的机会，是个好活动。但是很多小朋友并不明白自己的岗位的职责是什么，这一点需要改进。所以，我们根据他们的需求精心制作了这本绘本——《小岗位工作指南》，给我们“手拉手”的一年级小朋友学习和借鉴，用哥哥姐姐的大手拉着弟弟妹妹们的小手去学习自主管理，帮助他们做好小岗位建设的工作。大手拉小手，大家一起走！

笋芽儿中队将本班所有的小岗位分成了三个部门，分别是生活部、学习部和行政部。生活部有牛奶派发员、牛奶篮归还员、开窗员、书包管理员、路队管理员、空调管理员、领舞员、桌椅整理提醒员、节电员、卫生保洁员。学习部有文化墙维护员、黑板管理员、图书管理员、多媒体管理员、晨读管理员、科代表、作业收发员、小队活动策划员。行政部有班主任助理、班长、收发员、传达员。笋芽儿中队的每个岗位都有各自的工作职责，通过他们四年多的小岗位工作经验的积累，以及本学期和一（4）班进行的“手拉手”的活动成果制作了这本《小岗位工作指南》绘本。绘本详细地讲解了每个岗位的工作职责，简单的语言配上有趣又生动的图画，笋芽儿中队的队员们相信这更有助于帮助一年级的小朋友开展小岗位的工作。

评审商议论证会

笋芽儿中队从班级以及年级选拔一些优秀的有主见、有集体荣誉感的同学组成了评审团。评审团同学们对此次小岗位展的可行性进行论证，讨论是否有展出的必要性。

评审团成员钟文婷说这次的招聘会活动很有意义，既锻炼了自己的能力，也帮助一（4）班招聘了小岗位人员，她觉得招聘会的工作流程可以多多推广，展示会有举行的必要性。

评审团成员张芸逸说本次的活动很成功，绘本的制作既让我们五（4）班同学的画画才能得到展示，又能帮助一（4）班的小朋友快速地了解小岗位的工作职能，她觉得小岗位展示会有可行性。

评审团成员黄仲勤说本次的系列活动很有意义，这也是手拉手活动中的一部分，活动让团队更加团结，团队协作的能力也逐渐变强。所以极力推荐这次展示会。

手拉手共成长

活动中孩子们大胆展现自我，踊跃积极地表达自我，同时也对前期活动提出了自己的修改意见。在本次的小岗位展的筹备活动中，笋芽儿中队的孩子们表现出极高的积极性，全员参与了本次的筹备活动，孩子们自主管理能力得到了锻炼和提高，同时也对本班小岗位建设的方向性有了更多的思考。在帮助一（4）班进行小岗位建设的过程中不仅锻炼了五年级同学各方面的能力，也增强了他们的责任意识，让他们在教一年级小朋友的过程中对自己小岗位的工作也有了更深入的理解。

《我的岗位我做主——小岗位展论证会》实录

师：同学们，近期我们和一（4）班的小朋友们一起举行了小岗位招聘活动，我们还利用美术课制作了精美的《小岗位工作指南》绘本，在日常的小岗位工作中同学制作了各种小发明，咱们这些工作经验和成果是否可以开展一个展示会呢？那么今天，请各小组来给大家介绍你们小组的活动，由评审团来商议论证，我们这个展示会是否有展出的意义。

合：各位老师，同学们大家好！

冯：我是大雁小队的冯文君。

韦：我是大雁小队的韦宝怡。

合：现在由我们带领大家一起回顾咱们笋芽儿中队和小海星班级往昔的活动。

冯：入学第一天，一年级小朋友们踏着甜蜜蜜的糖果之路来到了美丽的学校，开启了他们的小学生活之旅。

韦：紧接着我们五（4）班笋芽儿中队带着一（4）班的弟弟妹妹们去学校，的各个角落寻宝，带着他们熟悉校园环境，学习学校的文明礼仪，为接下来的小学生活做好准备！

冯：每天，我们笋芽儿中队都派了晨读管理员、午读管理员、卫生管理员、领操员等去协助一（4）班做好班级的管理工作。教师节那天，我们和一（4）班小朋友们开展了共读绘本活动，带领小朋友们深入了解教师节的来历。

韦：在本学期的国旗下讲话活动中，我们和小海星中队的小朋友一起上台，进行了《心怀感动，学习感恩》的主题演讲。经过了9~11月三个多月小学生活的洗礼，小海星们越来越厉害啦！他们都适应了校园生活。

冯：笋芽儿中队帮助小海星班级策划组织了一场小岗位招聘会，帮助他们选拔了小岗位的工作者。让他们慢慢地学会自主管理。下面由白鲸小队给大家介绍我们的小岗位招聘会吧。

合：大家好！我们是白鲸小队的成员。

A：我是白鲸小队的李瑞瑶。

B：我是白鲸小队的吴应玲。

合：今天由我们来给大家介绍一下我们招聘会的流程吧。

A：大家知道我们为什么要开展招聘会吗？

B：因为一年级的弟弟妹妹们刚上小学，还不懂得自理，所以我们要帮助他们管理好班级。但是我们又不能一直帮助他们，我们要把我们五年的管理经验传授给他们，让他们学会自理。

A：对呀，所以我们的招聘会非常有意义！

B：是呀，这次招聘会有多少同学付出了心血啊！各小队利用自己周末休息的时间来准备这次招聘会。招聘会上大方地展现自我，真是“台上一分钟台下十年功”！那招聘会都招聘了哪些岗位呢？

A：让我来告诉你吧！有领读员、领舞员、领操员、午读管理员和卫生管理员。请为我们的队员介绍这些小队各自的招聘情况吧。

B：当然，请我们的队员给大家介绍吧！

C：大雁小队招聘了小小领舞员，雄鹰小队招聘了卫生管理员，白鲸小队招聘了午读管理员，熊猫小队招聘了带操员，蚂蚁小队招聘了小小领读员。现在由我们小队给大家介绍具体的招聘活动吧！

D：我们的招聘分三轮进行，第一轮是由一（4）班的班主任王老师进行预选，第二轮是由我们每个小队进行海选，第三轮是根据各小队招聘的岗位专业进行选拔，最后选出两位合适的小朋友来担任这个职位。

E：大雁小队的队员要求所有想当领舞员的小朋友会跳每一套校园舞；雄鹰小队的队员让所有想当卫生管理员的小朋友懂得如何让我们的教室变得更美丽；白鲸小队由两位男同学扮演午读讲话的场景，考验一（4）班小朋友用什么方法去管理。

F：熊猫小队的队员让所有想当领操员的小朋友能准确规范地做出所有广播体操；蚂蚁小队的队员让所有想当领读员的同学，把领读的课文熟读熟记。

B：最后，每个小队选出了两位适合工作岗位的同学。我们带领这些优秀的同学，教会他们如何管理班级，让一（4）班变得更好。

A：是啊！一（4）班做得好，咱们五（4）班的同学也很自豪！

B：我们还采访了一（4）班的王老师，她说这次招聘会能让每个小朋友都有展现自己的机会，是个好活动。但是很多小朋友并不明白自己的岗位的职责是什么，需要改进。所以，我们根据他们的需求精心制作了绘本《小岗位工作指南》绘本。下面由雄鹰小队给大家介绍吧。

合：各位老师，各位同学们大家好！

吴：我是雄鹰小队的吴朝宇。

邹：我是雄鹰小队的邹馨棋。

吴：在四年的学习和生活中，我们积累了许多管理班级的经验。今天我们把这些宝贵的经验分享给大家，让我们本班的同学互相学习，同时也希望在小岗位展上展出我们精心制作的这本《小岗位工作指南》绘本，供我们手拉手的一年级小朋友学习和借鉴，用我们哥哥姐姐的大手拉着弟弟妹妹们的小手去学习自主管理，帮助他们做好小岗位建设工作。

合：大手拉小手，大家一起走！

邹：下面将给大家介绍下我们的工作经验：我们将本班所有的小岗位分成了三个部门，分别是生活部、学习部、行政部。

蔡：生活部有牛奶派发员、牛奶篮归还员、开窗员、书包管理员、路队管理员、空调管理员、领舞员、桌椅提醒员、节电员、卫生保洁员。

黄：学习部有文化墙维护员、黑板管理员、图书管理员、多媒体管理员、晨读管理员、科代表、作业收发员、小队活动策划员。

谭：行政部有班主任助理、班长、收发员、传达员。

张：本班的每个岗位都有各自的工作职责，通过我们四年多的小岗位工作经验的积累，以及本学期和一（4）班进行的手拉手的活动总结出版了这本《小岗位工作指南》绘本。绘本详细讲解了每个岗位的工作职责，简单的语言配上有趣又生动的图画，我们相信这更有助于帮助一年级的小朋友开展小岗位工作。请各位老师和同学们一起开启咱们的绘本之旅吧！

吴：（绘本投影，学生解说绘本内容）书包管理员：书包不落地，环境更美丽。雨伞管理员：伞上雨水滴滴嗒，不让雨水落到地。图书管理员：图书分类请摆好，不要让书离开家。爱眼操管理员：要把眼操管理好，扣分自然扣得少。晨读管理员：要想晨读管理好，自己首先要做好。空调管理员：夏天炎热开空调，冬天寒冷记得关。

师：同学们制作的绘本真是精美，老师相信一（4）班小朋友看了绘本会更加明确自己的工作职责。在日常小岗位的工作中，聪明的同学们还有很多创意小发明呢！请创意组的同学们给大家介绍他们的小发明。

合：大家好，我们是创意组，我们是熊猫小队。

戴：我是熊猫小队的戴彧茜。

陈：我是熊猫小队的陈乐。

戴：在我们日常生活和学习中，我发现书本的摆放是一个大问题，有时候书多，有时候书少。所以我发明了一个伸缩书架，请大家看我手上的书架。书多的时候，就将书架拉开，书少的时候，就将书架缩回。

陈：我发现矮个子的同学每天擦黑板很费劲，所以我发明了伸缩黑板擦，大家请看，（在手上操作伸缩黑板擦）高处的地方就把黑板擦的伸缩杆拉开，矮的地方就缩回去直接擦。大家看是不是很方便呢？

师：是呀，同学们开动脑筋，一些小小的改动就可以让我们小岗位的工作变得更加便捷，真好！听了上面三个组的汇报，评审团的同学们对我们的展示会是否可行有什么想法呢？我们想听听你们的想法。

合：大家好，我们是蚂蚁小队！

钟：我是蚂蚁小队的钟文婷。这次的招聘会活动很有意义，既锻炼了我们自己，也帮助一（4）班招聘了小岗位，我觉得招聘会的工作流程可以推广，展示会有举行的必要性。

张：我是蚂蚁小队的张芸逸。本次的活动很成功，绘本的制作既让我们五（4）班绘画的才能得到了展示，又能帮助一（4）班的小朋友快速地学会小岗位的工作职能，所以我觉得展示会有可行性。

黄：我是蚂蚁小队的黄仲勤。本次的系列活动很有意义，这也是手拉手活动中的一部分，活动让我们的团队更加团结，我们的团结协作能力也逐渐提升。所以我极力推荐这次展示会。

陈：我是蚂蚁小队的陈星材。我们的创意小发明也可以推广给其他班级和同学们，我们的招聘会工作流程可以让高年级其他班级的同学借鉴和学习，所以我觉得可以开展展示会。

合：经过商议，我们一致同意举办小岗位展。

师：今天的小岗位展论证会到此结束，让我们期待下周的展示会吧！下课。

【教师自评】

（1）“大手拉小手”活动让孩子们在玉律学校生活的方方面面都有所渗透，开学时“手拉手寻宝记”活动，五年级学生帮助一年级学生认识校园，熟悉校园生活；大手帮助小手学习礼仪常规、学做操、学校园舞蹈、学班级小岗位的设置和管理；五年级学生帮助一年级学生招聘小岗位……正是在这些手手相牵的过程中，“大手”的责任心彰显，“小手”初入校园的紧张感慢慢消除，校园生活的融入感不断增强。

（2）本次活动在此基础上将小岗位工作的实际操作经验进行梳理归纳和分享，由评审团进行论证，进而向低年级段班级推广，并在全校范围内开展小岗位展活动。

（3）小岗位展活动让手拉手系列活动由横向的活动类别向纵向思维发展转换，让五年级的孩子们在活动中不断地积累深度思考的能力。

第三节　能量补给担责任

张银珠

【学生阶段特征分析】

五年级是培养社会责任感的关键时期，社会责任感的培养主要包括三个阶段。第一阶段，部分学生社会责任感的直觉性表达，部分学生社会责任意识增强，社会责任感的理性表达和道德自豪感初步生成；第二阶段，社会责任感的具体化与实践，个人与社会关系的形成与体验；第三阶段，社会责任感在传递中深化，道德自豪感升华，个人与社会关系的积淀与认识深化。

五年级的学生应该承担学校范围的环境文化建设工作。教师可以让学生对学校环境改善提出建议，并付诸实施。学生为学校留下他们的爱，也留下他们成长的足迹。

五年级学生认知发展的特点是逻辑思维能力有了明显的提高，自我概念趋于稳定，他们能够理智地分析问题，客观地评价别人和自己。由于逻辑思维和处事能力的发展，他们可以积极地进行自我调控，现实地对待困难和自己的不足。

【活动实践】

校运会我们能做些什么？

这个学期从开学到现在，孩子们已经完成了从中年级到高年级的转折，他们逐渐变得成熟，更加有责任感。在前两个月的班会课中，孩子们观察到班里的部分同学学习习惯不好，总是丢三落四。班干部来找我诉说困惑：“同学们总是丢三落四，我们能做些什么呢？”五年级孩子自主性和解决问题的能力已经很强了，我把问题反抛给他们，“你们觉得呢？”几个班干部自发讨论起来，为了帮助这部分同学，我们成立了“彩虹 U 站”，这不仅改善了同学们丢三落四的不良习惯，还为班级后续活动成立服务机构。我将整个活动的决定权和策划权都交到孩子们手里，让他们自主策划和组织活动，为了让“彩虹 U 站”运作得更好，他们甚至在站内设立了五个部门，分别是：调查组——负责收集班里同学的想法和调查同学所需用品；外联组——调查批发市场和小店等的文具用品价格；市场组——负责购买“彩虹U站”所需用品；后勤组——负责日常维护和服务；财务组——登记班级的收支状况。一次无意的尝试，孩子们竟打造了属于我们自己的班级特色，学生在此次活动中形成的自信，能够促进他们更好地发展。金秋十月，学校校运会的准备工作正在如火如荼地进行着，每个班里都有16名运动员会参与学校的各项竞技比赛，而剩下的30位同学呢，他们只能是纯粹的拉拉队吗？显然，班里又有人不甘于这个平凡的“身份”了。

“老师，校运会马上要开始了，我们彩虹U站能做些什么吗？”

“你们想做些什么呢？为班里的同学加油不好吗？”

“班长已经安排好啦啦队的人员了，我们是不是可以做些更有意义的事情呢？”

“彩虹U站”的几个积极分子又开始了你一言我一语的激烈讨论，最终他们决定用之前举行的“跳蚤市场”挣得的资金开设“彩虹U站——能量补给站”，为参加校运会的运动员们提供葡萄糖水和茶水。这是非常有意义的活动，从“我们能为班级做些什么”到“我们能为学校做些什么”，这是一个很大的跨度，孩子们的社会责任感意识正在这个小集体中慢慢地发酵，缓缓地传播。

小组行动，我们能行！

经历了之前几次大型活动，孩子们的组织能力和策划能力都得到充分的锻炼。而这次的“彩虹U站——能量补给站”，我们需要做哪些准备呢，我给他们提了个醒。

“我们还是像之前一样分组行动吧。”小组分工合作的概念已经在他们心里根深蒂固了。

“可是，我们很多同学都要去参加比赛，还有一部分同学有校运会的岗位工作和担任啦啦队队员。”

“要不这样吧，我们先统计一下哪些同学是有空闲时间的，然后再进行小组分工。”后勤部部长廖华怡的提议不错，大家都同意了。

经过初步统计，班里有15名同学可以参与“彩虹U站——能量补给站”的活动，在孩子们召开准备会前，我提出了两个要求：①分工明确，人人有岗；②小组讨论各自的筹备事项，并预设可能会遇到的问题。以下是他们的分工表。

“能量补给站”活动小组分工表

分组	市场组	外联组	后勤组
组长	米维	张轩睿	廖华怡
组员			
负责事项	进行活动前材料采购	联系学校后勤部主任，申请活动场地	进行会场布置和活动宣传
准备物品	葡萄糖、夏桑菊、一次性纸杯	书、桌子、帐篷	宣传海报、保温水壶
遇到的难题	应该买多少呢	申请书怎么写	保温水壶从哪找

孩子们拿着经过初步讨论确定下来的分工表来找我，他们遇到了难题。从上一次活动到现在，他们的策划能力得到了质的提升，他们明确自己需要负责的事项，已经具备一定的合作和沟通能力，通过小组分工预设可能遇到的棘手问题。带着他们的问题，我在班里召开了一次问题解决会。

15 名同学按照分组的模式来汇报他们的前期准备和需要同学们出谋划策的难题，由于各小组的同学能力不同，汇报的工作由小组的组长进行，其他的同学进行补充和记录。首先进行汇报的是市场组的组长。

市场组组长：“我们小组经过讨论确定要购买葡萄糖、夏桑菊和一次性纸杯，可是应该买多少呢？全校有 1400 多名学生，照这样计算，纸杯都要买 1000 多个了呢！”

“我们的活动是针对运动员的，不是所有的同学啊！”

“那如果其他同学也口渴的话，拒绝他们好像不好吧。”

“所以，宣传的时候一定要说清楚，我们资源有限，只能为运动员服务。”

“那好吧，那就按照每班 16 名运动员来算，准备 500 个纸杯就够了。”

宣传组的同学也注意到了这一点，在宣传时要写清楚“彩虹 U 站——能量补给站”的服务对象，经过短暂的讨论，市场组的难题解决了。

接下来是后勤组的组长，“我们的准备工作也做得差不多了，不过有一个问题可能需要大家的帮忙，我们想跟同学们借保温水壶，哪位同学可以借给我们呢？”

“这么多运动员，起码要七八个保温水壶才够吧！”

“而且，你们要去哪里煮水呢？老师办公室的煮水壶太小了。”

对于这个问题，同学们纷纷提出了疑问，正在大家愁眉苦脸的时候，平时鬼点子最多的龚君豪突然跳出来大喊：“我有个好主意！你们可以跟饭堂阿姨借那种大型保温桶啊，一个就够了，如果能让阿姨帮忙煮水，问题就解决了！”

后勤组的同学当即就接纳了这个绝妙的点子。“这件事就包在我们外联组身上吧，我们去借！”

孩子们你一言我一语地为“彩虹U站——能量补给站”的举办出谋划策，集体的智慧是无穷的，他们在讨论中解决了预设的种种问题，更可贵的是，他们还进行了小组与小组间的交流和合作，而不是“各自为政”。

彩虹U站——能量补给站——校运会的一道靓丽的风景

活动当天孩子们忙得热火朝天，市场组同学买好葡萄糖、一次性纸杯等材料，与厨房阿姨沟通好借用保温水箱，然后开始制作能量补给饮品；后勤组的同学们将葡萄糖水一杯杯盛好放凉，看着他们一双双稚嫩的巧手将葡萄糖水端到气喘吁吁的运动员面前，他们虽然忙得汗流浃背，却一个个笑得无比甜美。

由于之前“彩虹U站”已经在学校进行了宣传，加之“彩虹U站——能量补给站”的摊位就摆放在田径跑道的终点，很多运动员比完赛就直接过来喝上一杯补充能量。学校的老师和同学们都对他们赞不绝口。

“同学们，你们的钱是哪里来的呀？”一位老师问到。

“那是我们之前举办跳蚤市场筹集得来的钱。”

“你们是怎么想到开展这个活动的呢？”

“我们班设立了“彩虹 U 站”，就是想着为大家做一些有意义的事情呀。”

然后，我看到他们脸上那种特别的神情，自信而又骄傲。

“老师，刘兴渝哭了！”龚君豪说完，所有的同学都围了过去。原来，刘兴渝同学刚刚参加完 200 米田径比赛，由于过度紧张没有发挥好，与决赛失之交臂，一向优秀好强的刘兴渝一时接受不了这个结果，痛哭不已。

“先喝一杯葡萄糖水，冷静一下。”后勤组组长马上端了一杯水迎过来。

“没事的，你跑步一直很厉害，只是刚刚太紧张而已，总结经验，明年一定能进决赛的！”

金秋十月的赛场上，这是一道何等靓丽的风景。用自己的劳动和智慧挣得的钱为学校做贡献，孩子们都觉得无比光荣和幸福，温暖和帮助他人的同时他们也收获了满满的爱。在这个过程中他们体验了活动的快乐，感受到活动带来的成长。活动过后，孩子们也表示以后可以做得更多，他们希望用自己的付出去帮助更多的人，“赠人玫瑰，手有余香”，他们开始享受这种感觉了。

运动会后，他们及时进行了总结，孩子们聚在一起回忆讨论，对这次活动的得与失进行总结。第一次举行这样的活动，孩子们收获了宝贵的经验，市场组的同学总结：我们一共买了 500 个一次性水杯，结果却不够用，原因是同学们喝了一杯水后就把杯子扔掉了，待会又过来拿新的杯子，没有循环利用，造成了不必要的浪费。下一次活动我们要重点树立同学们的环保意识，并进行原杯续杯的宣传。后勤组的同学总结：一天的活动下来，我们都累坏了，活动总体比较顺利，但秩序有点乱，很多同学都蜂拥过来取水，具有安全隐患，下一次活动我们得邀请三四位同学帮忙维持秩序，这样就更加有序了。孩子们自己写下活动感想，他们在为下次活动总结经验。我看到了他们的成长。

【教师自评】

1. 参与校级活动推进学生社会责任感的发展

五年级孩子升入高年级也是社会责任感的另一种推动，他们开始由对自己表面行为的认识、评价转向对自己内部品质的更深入的评价。而本次活动——“彩虹 U 站——能量补给站”的举办正是孩子们社会责任感的初步体现，他们从“我能为班级做些什么”到“我能为学校做些什么”的转变也正说明了这一点。

2. 自主策划活动培养学生的综合能力

本次活动为“学生需要”而生，孩子们在自主探索中圆满完成了本次活动，活动的过程也需要进一步完善，但活动的价值是不容置疑的。在孩子们筹备活动之前预设了会遇到的问题，并借助班级的集体力量开展问题解决会，最终解决了部分棘手问题，这一过程增强了班级凝聚力，也锻炼了学生面对挫折的应对能力。在活动开展的当天，孩子们付出了大量的劳力和智慧，但收获的绝不仅仅是全校同学的感恩，“奉献”的种子正在他们身上萌芽。

3. 及时回顾为下一次活动总结经验

五年级孩子的成熟心智也体现在对活动的总结反思上，自行策划、自行组织、自行反思，为后续的活动积累经验。结合前期总结，笔者认为，本次活动最大的问题应该是岗位的细化和学生轮岗。学生策划了活动的流程，却忽略了细节问题，在小组的内部，岗位工作的分配不够细化，从而导致了个别同学无事可做，今后开展班级岗位工作时需进一步细化岗位和轮岗，这是开展集体活动的基础。

第四节 “帮帮手”成长记

邓玉玲

【学生阶段特征分析】

“更换大领巾”是玉律学校四季系列活动之“谷雨时节我成长”中的一个重要节点活动，在仪式上五年级的少先队员们把小的红领巾更换成大的红领巾，通过这样的仪式是鼓励队员们承担大责任。

谷雨时节，作物生长。“谷雨时节我成长”是一五年级手拉手主题系列活动。在系列活动开展之前，五年级的大队员在四年级就已经和当时还在幼儿园毕业班的一年级小学生进行了初次接触，手拉手活动便起源于最初的“幼小衔接”，为一年级和五年级手拉手系列活动埋下了种子。“大小领巾，薪火相传”作为系列活动的节点主题队会，增强少先队组织的力量，促使队员尊敬热爱少先队，促进我校红领巾事业的蓬勃发展。在这个过程中，五年级学生通过独立的活动，向众人展示自己的能力、成就，获得心理上的满足，从而进一步增强信息，使积极性、创造性得到充分的发挥。学生的个性品质和兴趣，也在活动中得到巩固、发展和调整。

【活动实践】

活动系统构建

“谷雨时节我成长”是一年级和五年级“手拉手”主题系列活动。一年级和五年级分别依据不同的年级段特征和活动需求制定了以下的系统。

“谷雨时节我成长”五年级篇

活动阶段	活动主题	
星星火炬在心中“萌芽”	糖果班级寻宝记	糖果班级帮帮手
闪闪红星放“光彩”	帮你策划过关检测	送你最美好祝愿
领巾飞扬，薪火相传	红领巾来敲门	红领巾，我要戴

第一阶段：星星火炬在心中“萌芽”

在“糖果班级寻宝记”中，热情认真的五年级队员帮助一年级预备队员认识校园生活与组织生活；通过“糖果班级帮帮手”活动，五年级队员指导一年级预备队员学习校园常规文明礼仪。

第二阶段：闪闪红星放“光彩”

五年级的队员不仅在生活上为一年级队员提供了有价值的帮助，还在学科学习上为他们助力，在“帮你策划过关检测”活动中五年级自主为一年级策划过关检测活动，发挥榜样作用。五年级队员也在“送你最美好祝愿”环节收获一年级队员赠送的祝福，体会到了付出的快乐。

第三阶段：领巾飞扬，薪火相传

用“红领巾来敲门”这样有趣活泼的情景剧形式，五年级和大队委到一年级各班“敲门”，教会一年级学生认识中国少年先锋队及其由来，还学习了少先队基本知识，如了解少先队的成长史、队旗、队徽、红领巾。在情景剧结束后，五年级学生组织弟弟妹妹们观看电影《飘扬的红领巾》《闪闪的红星》，用画一画、写一写的方式感悟。到了一年级申请入队的时候，五年级大队员先是用知识竞赛的方式帮助一年级学生回顾和牢记少先队的相关知识，然后评价一年级学生在“习得、纪律、礼仪、才艺、服务”等方面的活动表现，帮助一年级学生用争取“少先队能力章”的方式来获得“入队申请”资格。相应地，大队员们也获得了更换大领巾的能力和资格。

系列成长故事

一年级和五年级手拉手活动是玉律学校的一个特色活动，五年级的哥哥姐姐接过爱的接力棒，担负起成长的责任，拉起新入学的弟弟妹妹的手，陪着他们一起度过新鲜而充满挑战的一年级时光，一起学会付出爱，感受爱，心中常有爱。他们有一个非常可爱的名字叫“帮帮手”，他们和一年级小美玉们也发生了非常多可爱的小故事。

“帮帮手”文明礼仪情景剧

场景一

田晨（一年级）奔跑（嘻嘻哈哈）：来追我呀！我跑得最快！

杨嘉慧（一年级）追赶：我更快！你看！

陈心怡：走，下课啦！

张著蓝：这本书很有趣，跟我一起看啊，比跑步好玩多了！

王冠骅：同学们，你们更喜欢哪一个课间呀？

刘李静（1 年级主持人）：我喜欢与哥哥姐姐一起看书的课间，放松又有趣！

王冠骅（5 年级主持人）：课间休息不奔跑。轻声慢步有礼貌！课余活动非常丰富，但是追跑打闹容易造成危险，我们建议大家课间可以看书、猜谜语、小声做游戏……

场景二

田晨（一年级）：体育课好好玩啊！（边说边走，手扇风，衣服没有扣扣子）

杨嘉慧（一年级）：你快把衣服塞进去！哥哥姐姐来啦。

陈心怡（五年级）：小朋友，如果你把衣服塞进去的话，就朝小美玉靠近一步啦！

一年级的田晨点点头，把衣服塞进去。

张著蓝（五年级）：你真棒！还把扣子扣好了，这样看起来精神多啦！

刘李静：真好！有哥哥姐姐的提醒和帮助，我们变得越来越好了。

王冠骅：对呀，当小美玉不容易，但是也是有方法的！首先要做到衣着整齐有礼貌，看见老师要问好。当个精神阳光的小美玉！

刘李静：上课铃响进课堂，专心听讲纪律好。

王冠骅：桌椅整齐地干净，做好两操勤练习。

刘李静：排好路队回家去，安全第一要记牢。

“帮帮手”还创作了文明礼仪歌。

（1）按时上学不迟到，衣着整齐有礼貌（一五手拉手）。

（2）上课铃响进课堂，课前准备要做好（一五手拉手）。

（3）读书声音多响亮，安静认真把课上（一五手拉手）。

（4）积极发言勤思考，不懂就问知识广（一五手拉手）。

（5）文明休息不打闹，上下楼梯往右靠（一五手拉手）。

（6）轻声慢步不奔跑，互助友爱不争吵（一五手拉手）。

（7）勤剪指甲勤洗手，个人卫生要讲究（一五手拉手）。

（8）卫生习惯我做到，纸屑垃圾不乱抛（一五手拉手）。

（9）值日劳动认真做，干净环境要爱惜（一五手拉手）。

（10）爱护花草不踩踏，校园变得更美好（一五手拉手）。

轻快而活泼的文明礼仪歌萦绕耳旁，歌曲弘扬校园真善美，争做玉律小学好少年是他们的精神，他们坚信，小美玉要从每一个暖心的问候开始。

超级岗位“帮帮手”

听！在流水潺潺的美玉校园里，一年级班级中传来了非常雀跃的声音：“我们都有自己的岗位啦！”

9月的一天，五年级（2）班的潘蕾、刘甜甜和其他同学们带着使命来到了一年级教室，他们的工作是教一年级的小美玉们认识岗位，并开展岗位实践工作。他们像老师一样讲解得非常耐心、细致：“我们有小小领读员、眼保健操领操员，还有课间劝跑小队。小小领读员早上带领大家早读；眼保健操领操员教大家做眼保健操；课间劝跑小队下课劝导大家不要奔跑；还有牛奶管理员为我们发牛奶；黑板美容师、图书整理员、体温测量员；等等！”

在哥哥姐姐的指导下，弟弟妹妹在各自的岗位上都格外敬业。礼仪队员的轻声问好为大家带来一天的好心情，课室美容师让班级每天都美丽而舒适，再加上领读员的精心带读使学生的学习生活特别愉悦。每一位认真负责的同学时刻坚守自己的岗位，“勤学爱岗，服务他人”是五年级和一年级爱自己、爱他人的象征，也是小小班级主人翁意识的体现！

"帮帮手"和"小蜜果"的知识竞赛

"百说不如一做"是五（4）班和一（4）班的坐言起行精神。谷雨节气的前一周，五（4）班的谢易言、李佳晨、何心怡、陆敏和其他同学非常紧张，尽管他们已经筹备快两个星期了，并利用了好几个周一的队会课向一（4）班的弟弟妹妹们讲解了非常丰富的少先队知识。但是到了知识竞赛这天，五年级队员感觉比自己去竞赛更紧张，因为考验的是与他们"手拉手"的弟弟妹妹。

谢易言：少先队的全称是什么？

一（4）班第一小队：少先队的全称是中国少年先锋队。

李佳晨：对啦！少先队的创立者和领导者是谁？

一（4）班第三小队：少先队的创立者和领导者是中国共产党。

何心怡：好厉害！少先队的队旗是什么？

一（4）班第四小队：少先队的队旗是五角星加火炬的红旗。

陆敏：太棒了！少先队的队礼是什么？它代表什么？

一（4）班第二小队：少先队的队礼是右手五指并拢，高举头顶。它代表人民的利益高于一切。

一（4）班的弟弟妹妹们在五（4）班哥哥姐姐的耐心带领下，为加入少先队做了充分的准备，关于少先队的各项知识都熟记于心。虽然一年级的小朋友尚未入队，但他们早已用少先队的标准来要求自己。“动如和风，静如美玉”的精神文化都已深入每个孩子的心中。

曾经的一年级小朋友，变成五年级的大哥哥大姐姐，带着对新入学的弟弟妹妹们满满的爱，大手牵小手，一起谱写着成长之歌！

【教师自评】

首先，主动参与。通过系列活动，五年级的队员们积极参与到学校层面的各项活动中来。借助年级系列队会活动的开展，他们可以进行自主组织、自主策划、自主调查、自主开展，组织能力、策划能力、调查能力、合作与处理事情的能力得到极大的提升。

其次，重建认识。在全身心投入“谷雨时节我成长之五年级更换大领巾”活动中，五年级的队员们对学校、对一年级的弟弟妹妹们、对自我也有了新的认识。他们是学校美玉文化的传承者、参与者和建设者，在帮助一年级弟弟妹妹的过程中增强了责任心、自信心和创造力，同时也收获了一年级弟弟妹妹的信任和尊重。

最后，红色传承。五年级的队员们在系列活动的开展中用实际行动传承红色基因。在指导一年级新队员们学习中国少年先锋队知识过程中进一步加深对中国少年先锋队知识的了解，为少年先锋队感到骄傲和自豪。队员们团结友爱，自觉成长，争做新时代少年先锋队的新生代力量。

系列活动重建回顾

【成效体现】

不同以往的单一“更换大领巾”节点仪式，系统构建体系下的一年级和五年级手拉手“更换大领巾，承担大责任”主题活动满足了学生成长的需求，促进了群体的发展，顺应四季流转的自然规律和孩子身心发育的成长节律，这是在“美玉校园四季”文化中生长出来的，具有生命的成长气息和富有活力的春天气息。

1. 从学生层面，唤起责任意识的觉醒

谷雨时节是万物成长最迅速的时节，以这个节点为契机，为五年级学生搭建提供帮助、展现自我、提高能力的平台，尤其是当五年级学生拉起一年级弟弟妹妹的手时，就代表了新的责任和新的担当，是在以往单纯的年级层面开展“更换大领巾”仪式从未有过的新体验、新经历。在真实的一对一手拉手活动交往中唤醒了孩子们的责任意识，助推了成长。

2. 从群体层面，形成群体新质的产生

五年级经历了“更换大领巾，承担大责任”系列活动之后，每一个个体都在实践中有新的成长体验，更重要的是，不仅五年级不同个体之间建立了联系，五年级的班级与班级之间、与一年级之间、与学校之间等多重主体产生了多维互动。例如“寻宝”活动的互动、岗位学习和指导的互动、少先队知识竞赛的互动等等。在多维互动中动态地生成了群体新质，建立了新型的群体关系，而这种关系反过来为学生提供了更为广阔的交往空间，从空间和主体上更宏观地促进了群体的发展和进步。

3. 从活动层面，促进系统整体的构建

有别于点状、零散的成长仪式，“更换大领巾，承担大责任”成长系列活动是从“美玉校园四季”校园文化活动的整体视角出发来设计、策划的，是从校园文化中生长出来的，带着接地气的本土气息，让仪式活动与美玉文化更紧密、更融洽地结合在一起。美玉少年们的成长也随着四季流转变化厚积薄发，从冬天蓄力待发到春天的蓬勃生长，再到期待着夏天的缤纷绚丽和秋季的向上收获。

【理性思考】

仪式教育，是学生在独特的教育活动情境下，以特定的程序、特定的服饰等，在独特的氛围中产生有别于日常生活的陌生化体验的。这种陌生化体验具有丰富的教育意义，通过外显的教育活动形式来表达内隐的教育文化和理念，起到或启迪、或引导、或教育的作用。学生通过认可和接受这样的仪式教育，实现新的成长和蜕变，形成对新生活的期待。

1. 活动过程的价值是仪式教育的目标

在总结近几年仪式教育活动开展理论和实践探索的基础上，我们发现活动过程的价值挖掘是仪式教育一直追寻的目标。归根到底，仪式教育是以仪式性活动对学生形成价值观塑造、行为能力培养、独特情感渗透、群体体验。以“更换大领巾，承担大责任”为例，这样的仪式教育并不能只通过一次四十分钟的仪式体验来完成。而是需要将节点置于学生成长过程中，让成长具有持续性、延续性、生长性——节点前的努力实践和成长付出，节点中仪式感的充分体验留下的成长印记，以及节点后的情感延伸和活动实践，不断夯实，注入新活力。

只有在对仪式教育目标清晰定位的前提下，我们才能明确地制定整体规划和宏观设计，才能将价值观和实践育人的理念落实到具体活动中，才能引领活动教育的发展方向，发挥活动育人的独特作用，切实推进仪式教育的开展。

2. 交往空间的延伸是仪式教育的路径

谷雨时节“更换大领巾，承担大责任”拓展了学校交往空间。跨年级的手拉手活动鼓励学生打破班级和年级的界限参与到校级的活动中来，产生了年级外的积极交往。

谷雨时节“更换大领巾，承担大责任”拓展了家庭交往空间。它更新了家庭亲子关系，通过见证孩子的成长，家长们意识到孩子的独立性和责任感在逐渐增长，重建了良好亲密的家庭交往关系。

由此看来，仪式活动要在更广阔的交往空间中挖掘教育资源，以此寻找具有发展可能性的机会。因此，谷雨时节“更换大领巾，承担大责任”不仅是节气的意义挖掘，还将节气与空间相联系，综合性地打通时间和空间的教育隧道。

3. 生命成长的主动是仪式教育的灵魂

在一年级和五年级手拉手“更换大领巾，承担大责任”活动中，五年级的孩子感受了一年级和五年级成熟和稚嫩互动碰撞的生命力量，这种力量形成自身主动成长的动力。尤为明显的是，五年级提升了与同伴交往、与弟弟妹妹交往、与老师们交往的能力，提升了自主策划参与活动的领导力。

仪式的外在形式是程序和礼仪，但是仪式教育的意义在于触碰学生的心灵。只有在仪式教育的过程中获得了丰富的生命成长体验，学生才会有所触动，从而形成提升自我价值和自我发展的不竭动力。

第六章　蒲公英的梦想毕业季

六年级是小学阶段的最后一年，在前五年的小学生活当中，他们积累了经验，生活学习能力也得到了发展，如具有较强的活动组织策划能力，具有多元的沟通交往能力，具有良好的分析问题能力等；同时，班级建设日趋成熟，班级文化深入人心，班级凝聚力逐步加强，这些良好的因素都是促使他们更好地开展“蒲公英的梦想毕业季”系列活动的动力。但是，这一年对于六年的学生来说有憧憬，也有挑战。一方面，他们向往美好的初中生活，自我意识逐渐增强，渴望在新的环境中表现自己，获得成长体验；另一方面，他们此刻正面临着升学压力，学业任务繁重，各方面的压力促使他们不得不重点关注学习成绩，可能会出现焦虑、逃避、叛逆等心理现象。如何帮助处在这个特殊时期的学生，我们应该从以下几点问题进行分析。

1. 学业的压力

学业压力主要来自对未来的未知与迷茫。从外部环境来看，在当今市场经济环境下，优胜劣汰，人才竞争也越来越激烈，“能否上名校”成为社会关注的热点，更成为家长关注的核心，对于优质教育资源的强烈需求，无形地给毕业生们套上了重重的枷锁。从学生本身来看，他们到了一个学习的关键节点，不知如何更好地规划自己的未来，对于以后的学习生活感到迷茫，不敢勇敢、坦然地迎接未来。

2. 心理的压力

六年级的学生具有一定的知识储备，自我独立意识越来越强烈，人际交往结构发生变化，喜欢追求时代的潮流，渴望“长大”，但是又没有完全独立，遇到了困难还是会第一时间求助师长，仍然有强的依赖性，同时父母也依然把他们当成“小孩子”，没有给予足够的独立成长空间，因此产生了矛盾。

以上两个问题是普遍存在的，那么通过“蒲公英的梦想毕业季”系列活动的开展，在很好地锻炼了学生的组织规划能力、人际交往能力和问题解决能力的同时，也让班集体越来越团结，形成了良好的班级凝聚力。在“毕业季”的舞台上，他们自信地展现着自己，也让家长、老师和同学看到了自己的成长和成熟，在小学阶段最后一年生活中留下了美好的回忆，通过活动经验可以让他们更好地憧憬未来和规划未来，从而也能勇敢地迎接未来。

第一节　毕业季，毕业游

张银珠

【学生阶段特征分析】

六年级学生与师生的交往要比其他初中年级显得纯真和直率，师生关系比较融洽。因此，要给六年级学生提供表现自己的机会，让他们树立自信，主动用行动获得大家的认可；喜欢与同学交往，热爱集体，热爱生活，并且通过形成正规与非正规双重性质的学生组织，让学生迅速进入自主管理的活泼有序的校园生活状态。

六年级的学生开始好奇外部世界，他们的交往也出现多层面化，从以前的生生交往、师生交往，开始更多地涉及家庭交流和与社区的交往。学生的交往领域在不断地扩大，交往能力越来越强，这时候班主任应该适当创造丰富的班级生活，给学生提供一个展示自我、畅想未来的舞台，也在相互交流中增强同学感情，形成良好的同学关系和师生关系。加之学生进入了毕业季，通过激烈的讨论，我们决定在六年级开学之初开展班级集体活动——“毕业季，毕业游”，用一个美好的集体活动仪式开启毕业季生活。

在本活动中，学生从学校走向社区，对他们的人际交往发展具有正面影响，学生能够在活动中实现多层次的交往，并在这个过程中学会欣赏他人，发现他人的闪光点，从而更好地定位自己的新学期生活角色。

【活动实践】

如何开启学生美好的毕业季生活

六年级如期而至。新的一年，我要给学生带来怎样的班级生活呢？有学生说，六年级意味着毕业，学习的压力也日渐增长，他们希望能够调整自己的状态，以更好的状态接受新的学习生活。学生的话触动了我，进入六年级后，孩子们的学习压力比之前大了很多，有些家长也表示孩子表现出叛逆性格。以前我们“彩虹U站”是对外服务，一直在做奉献爱心、服务他人的校级活动，很少关注到班级的内在能量状态。在毕业季开始之际，或许我应该引导孩子们享受只属于彩虹中队特有的生活，让学生在更多元的交往活动中重新认识自己、欣赏他人，调整好自己的状态再出发。

现在又正值秋高气爽的好时节，孩子们提议，我们可以来一场说走就走的集体旅游，这个提议得到了所有学生的热烈响应。这是一个好主意，班级旅游是一个增强班级凝聚力的活动，学生可以在活动中重新认识自我，促进同学们之间的交流，放松心情的同时增加集体情感，这个班级活动也是毕业季活动启动的美好仪式。同时，班级旅游也是孩子们暑假生活的延续，它可以有效地结合学生的学期初生活和班级生活，重建学生学期初美好的校园生活，催化并有效地推进学期中的学习生活。

班级头脑风暴，旅游招标会

这次班级旅游要开展什么形式的活动？孩子们脑洞大开，给出了很多建议和想法，最后从众多想法中我们选取出了三个方案：A 项目组的同学提议我们可以一起去爬山，锻炼意志，体验生活；B 项目组的同学提议可以去参加玉律爱心农场的活动，体验种菜农耕的乐趣，还能通过自己的劳动献爱心；C 项目组的同学建议开展农场亲子活动，友谊、亲情双丰收。在难以抉择的情况下，我当即决定，请这三个小组的同学做初步的活动方案，在与小组同学讨论完善方案的基础上，参与班级活动的招标会，最后再投标决定最终的活动方案。虽然之前我们已经开展了很多形式不一的活动，但招标会是初次尝试，这种新形式的活动方式激发了学生参与活动的热情。

在本次活动中，全班同学通过招标的形式组成三个项目组，在形成方案之前必须考虑以下三点：①确定活动地点、活动时间和活动方式；②具体策划活动的流程；③思考你们活动的优势和吸引同学的地方。以下是他们的分工表。

活动分工表

分组	A 项目组—爬山组	B 项目组—爱心农场组	C 项目组—亲子野炊组
组长	廖华怡、张轩睿	庞慧霞、邓林峰	刘兴渝、米维
组员			
考虑事项	（1）确定活动地点、活动时间和活动方式； （2）具体策划活动的流程，整个活动流程的安排； （3）如何保障同学的出行安全，出行如何安排； （4）活动的优势在哪里		
策划准备	招标书、活动策划方案 PPT、活动介绍小视频、思维导图等		
活动费用的预算	整个活动大概需要花费多少钱？如何解决费用问题		

在班级旅游招标会中，孩子们根据之前提出的三个方案进行招标投标：A 爬山组、B 爱心农场组和 C 亲子野炊组。在班会课上，项目组成员对本项目组方案进行了生动地介绍，并列出了各项目组的优势，同学们纷纷提出自己的质疑和建议，同时就“安全问题”和“费用问题”展开激烈的讨论：“B 方案刚刚提到的烧烤食品火腿肠和腊肠等会不会存在食品安全的问题呢？”龚君豪同学提出的质疑引起了同学们的兴趣，“是啊是啊，我妈妈说火腿肠很不卫生哦！”看到课堂上的热烈气氛，我马上进行引导：“那怎么办呢？”集体的智慧是无穷的，同学们以小组为单位给出了很多好的想法，最后 B 项目组采取了他们的建议，现场排除了不卫生的食品，保障了食品安全的大关。在出行问题方面上，大家最终也形成了共识，决定采用“拼车”的方式，既安全又方便。在修改完善了基本方案后要对项目组进行了最终投标。其中 B 方案和 C 方案的得票率非常接近，有学生提议可以把 B、C 方案进行结合。最后，活动方案确定后在国庆节期间如期举行了爱心亲子农家乐活动。

彩虹中队的特别旅行——毕业季，毕业游

六年级毕业生渴望独立，又渴望成长，因此在“新基础理念”的指导下，我们无论在组织形成还是在活动策划的过程中，都要给予他们自由选择的机会，充分发挥他们的自主性。交往范畴也应该逐步向他们感兴趣的领域拓展，这样既满足他们的成长和交往需求，也形成积极的引导。而他们的活动方案和活动范围已经扩散至社区和校外组织，本次活动正是他们交往需求的良好体现。

在敲定方案之后，全班同学又按照班级原有的项目组进行了重新分工。商计组负责活动的总统筹；后勤组负责准备活动过程中需要用到的物品；外联组负责预定活动场所，与活动方联系各方面事宜；市场组负责协调活动当天的工作安排，组织游戏互动；财务组负责结账并收取每人应付费用。一切准备就绪之后，10 月 5 号当天活动就轰轰烈烈地开始了，早上 8 点开始班级微信群就热闹非凡，同学们就近拼车纷纷前往源兴葡萄园，9 点半全班同学就基本到齐了，亲子野炊活动正式开始。商计组的组长刘兴渝根据事先计划的分工将全班同学分成 6 个小组，每个小组负责不同的活动内容，有的同学到菜园摘菜，有的同学烧柴起火，有的同学洗碗摆桌，有的同学准备洗菜切菜。野炊活动一开始，同学们就遇到麻烦了，大家都不会烧柴起火，折腾了半个小时火还是点不着，“怎么办呀？都快十点了！”“他们菜都摘回来了，待会要下锅了！”同学们都着急了，这时，一位家长在旁提示，“问问老板有没有煤气炉吧？”负责

烧柴的周家豪飞快行动起来，经确认，葡萄园里有烧煤气的炉子，问题很快就得到了解决。接下来，每个小组的同学都开始大展身手，洗菜、切肉、炒菜，个个都有模有样，何智超、张轩睿还主动当起了主厨，辣椒炒肉的香味飘满了整个葡萄园；亲子组合互相配合默契十足，笑声萦绕在葡萄园。一阵忙乱之后，就是属于吃货们的欢乐时光了，聊天声、笑语声、游戏声，声声不绝于耳，这是属于46个小家庭的亲子时光，也是属于彩虹中队这个大家庭的美好回忆。

集体游戏结束之后，我们一起在门口合影，之后后勤组也将活动照片制作成“美篇”发在群里共享，一张张可爱活力的笑脸印证了我们又一次美好的成长经历。

《彩虹U站班级旅游方案招标会》主题班队会设计方案

<table>
<tr><td>学校</td><td>玉律学校</td><td>姓名</td><td colspan="3">张银珠</td></tr>
<tr><td>主题</td><td>“彩虹U站”班级旅游方案招标会</td><td>班级</td><td>六（2）班</td><td>日期</td><td>2019.9.27</td></tr>
<tr><td colspan="6">活动目标：
（1）从三个旅游方案中选出适合全班同学出游的方案，推动出游活动的顺利开展；
（2）培养学生的策划能力、合作能力，并加强学生与家长、社区的交往能力；
（3）让学生在活动中互相欣赏，重新认识自我，激发班级内在潜力。
制定依据：
1. 活动背景
上个学年，我们班级成立了“彩虹U站”，在校运会开设了“‘彩虹U站’——能量补给站”，为运动员们送物质。冬至节时，我们开展了“温暖冬至”系列活动，孩子们自主策划了活动流程，开展“彩虹典当行”“彩虹U站跳蚤市场”义卖活动，并用自己挣到的钱举行了“温暖冬至”暖心行动，他们用自己的劳动和智慧关爱老师、关爱学校。寒假后归校，孩子们又开展“彩虹U站”寒假特色生活系列活动和“寒假特色生活作品展销会”系列活动，这一系列的活动锻炼了他们的组织和沟通能力，提高了财经素养。之后，孩子们运用自己学到的知识和技能开展了全校性活动“彩虹U站财经素养知识”系列活动，一次次的活动激发了他们的责任感和自信心。
2. 学生成长与班级发展
由于有了这一年财经活动的积淀，再经过暑假期间旅游攻略的学习，孩子们对制作班级出游的方案有了一定的经验，只是对于招标的概念还需要再进一步的学习和深化，在策划的过程中细化各个环节的内容，增强竞争和班级集体意识。本次招标会的流程为三个项目组宣讲——全班同学提问或点赞——评委会评标——评委会投标——宣布中标结果。这三个项目组分别就出游策划方案、费用预算和人员安排等问题进行宣讲，根据现场同学提出的建议或问题完善各自的旅游方案。</td></tr>
</table>

续表

<table>
<tr><td colspan="4">

系列活动初步分为成长篇、感恩篇和展望篇三个篇章。
活动主题：成长·感恩·展望
（一）成长篇（可结合十二时辰和节气促学生成长）
“向上秋天惜秋实”系列
1. 暑期生活·乐分享（畅谈暑假生活，制订新学期计划）
2. 开学十二时辰·惜秋实（分享一天的十二时辰，珍惜时间）
3.“彩虹 U 站”班级旅行系列活动
A.“彩虹 U 站”班级旅游策划会
B.“彩虹 U 站”班级旅游招标会（本次班会）
C.“彩虹 U 站”班级旅游总结会
4. 社会实践·真体验（真实体验——真正走进毕业班生活）
“学习中成长”系列
1.“学习中成长”期中考试总结会（总结得失，备战毕业考）
2.“学习中成长”学习方法分享会（分享方法，我们齐努力）
3.“学习中成长”学习成果展示会（成果展示，我们同进退）
4.“学习中成长”期中考试冲刺会（期末冲刺，我们必胜利）
（二）感恩篇（可结合国家节日促学生成长）
1. 感恩祖国·感恩相遇（感恩同学的陪伴，感恩老师的培育，分享感动）
2. 暖暖冬至·我们分享（在暖暖的冬至这一天，我们齐分享，温暖彼此）
（三）展望篇
1. 辞旧迎新·暖心祝福（在这辞旧迎新的时刻，我们彼此互送新年送福）
2. 展望未来·我的理想（在新年到来之际，我们许下一个新年愿望）
3. 寒假生活·我们来了（我们要过不一样的寒假生活，寒假作业我设计）

</td></tr>
<tr><td colspan="4">活　动　过　程</td></tr>
<tr><td>活动环节</td><td>教 师 活 动</td><td>学生 活 动</td><td>设计意图</td></tr>
<tr><td>一、
谈话引入</td><td>（1）播放前期活动的视频。
（2）班主任开场白：同学们，在过去的一年中，我们“彩虹 U 站”举办过很多奉献爱心、服务他人的活动，现在大家升入六年级，在即将开启毕业季生活之际，很多同学提议，我们可以多举办一些属于班级自己的活动。因此，我们决定在即将到来的国庆假期开展一个班级集体活动，而今天就是关于这个活动的方案招标会</td><td>观看视频，回顾前期所做的活动</td><td>通过回顾，激发学生的参与热情</td></tr>
</table>

续表

二、核心推进	（1）主持人导入主题：同学们，大家好！欢迎大家参加今天的招标会。上一周，我们已经在班级召开了“彩虹 U 站”班级旅游策划会，三个招标项目组将以班级出游的策划方案进行宣讲，现在有请他们。 （2）宣布评委会的要求：根据宣讲小组的内容，评委从以下五个方面进行评标，打出评标分：出游路线合理、适合全班同学参与；活动流程有序细致、安排妥当；活动费用实惠省钱；人员安排合理；旅游方案考虑到安全可行。 （3）请三个项目组进行宣讲：A 项目组；B 项目组；C 项目组。 （4）鼓励引导其他同学用心倾听、认真思考，适当给予点赞、提问、建议。 （5）班主任适时介入、点拨、评价，引导全班同学吸取有价值的意见建议，积累经验。 班主任询问中标的项目组：你们的项目方案得到全班同学的认可，你们有什么想说的？其他项目组有没有什么值得你们学习的地方	（1）明确汇报者和倾听者的要求。 （2）各小组汇报活动方案并进行总结：①A 项目组；②B 项目组；③C 项目组。 （3）其他小组的同学用心倾听、认真思考，适当给予汇报总结小组点赞、提问、建议。 （4）各招标项目组记录有价值的意见建议，修订各自方案	（1）让学生在小组活动过程中学会沟通交流，吸取他人好的想法和建议，收集小组成员们的经验，锻炼学生解决问题的能力和沟通能力。 （2）培养学生制作预算，完善方案的能力。 （3）在活动中接纳他人，欣赏他人
三、小结班会	班主任老师提炼总结		促进学生做好策划活动，在活动过程中学会挖掘他人的闪光点，学会欣赏别人，从而激发班级的凝聚力

【教师自评】

首先，本次班级集体活动贴近学生的日常生活，满足学生多重成长需求，在活动中开发综合育人价值。其次，学生的学习状态发展良好，过去的活动经验充分锻炼了学生的综合能力，活动的顺利开展见证了学生的成长。

1. 活动方案的全程下放提高了学生之间的交往能力

本活动方案由三个小组共同完成，由于学生初次进行活动方案的策划，整个活动方案结构性不强，而且不够详细，但这个过程培养了他们的合作和交往能力，通过教师的介入指导，使他们完善了活动方案。比如，三个活动项目组中爱心农场组的学生非常关注与义工站长的交流和活动项目的安排，所以引导孩子把项目的关注点放在“人、物、意义”上面；彩虹农家乐组的同学制做的预算表非常精细，而且物品较贵，我引导其将关注点放在“事、财”方面，呈现方式可以具有多样性，环环相扣凸显各个项目组的不同亮点。学生找到自己方案的问题，通过激烈的讨论和一次又一次的方案修改，在完成活动策划的同时增加了朋友之情。

2. 具有仪式感的活动环节丰富了班级活动

本次活动是班级集体活动，同伴之间情感的建立非常重要，我向学生投出问题，活动之后我们还要留下什么呢？引导学生思考，例如可以一起合照，或者做一件特别的有意义的事情，让本次活动深深印在孩子宝贵的记忆之中。于是，活动前期孩子们特意成立了摄影组和活动游戏组，记录了这个活动的过程，并在活动最后留下了班级的集体合影，非同平凡的活动意义增强了班集体的凝聚力。

3. 交往领域的扩大满足了毕业生的交往需求

六年级与一至五年级的不同之处在于，随着六年级学生能力的提高和交往需求的增强，班级内部组织不能完全满足他们的需要，需要建构更高层次的组织来强化班集体的凝聚力，激发学生多方面共同发展。而本次活动学生的交往领域有不同程度的扩大，学生除了班级内部组织的交往之外，还要与社区组织、商家机构、社会福利机构等进行交往，这种空间领域的多层次交往大大满足了他们的交往需求。

第二节　音乐会　话感恩

黄　凝

【学生阶段特征分析】

六年级是小学生活的最后一年，上了六年级，学生在学习方面的自主性增强。毕业考是他们人生中的第一次重大挑战，为了能取得更好的成绩，进入较好的中学就读，不辜负家长和老师的殷切希望，大部分学生都认识到考试的重要性，不断调整自我，以毕业生的高标准来严格要求自己，并积极投入到学习中去。

面临毕业，他们也表现出矛盾、复杂的情绪：既渴望充满压力的生活快点过去，又留恋学校、同学和老师；既惧怕毕业考试的来临，又对中学生活有些向往。面对繁重的学习任务和各种无形的压力，他们渴望丰富多彩的生活和多维的人际交往。他们希望发展自己的兴趣，在活动中提升自己。因此，我们聚焦“成长、感恩”，通过一系列的毕业季活动来引导和帮助他们解决这样的矛盾，让他们在日常实践中学会正确对待各种压力，积极有效地进行自我调节，以最好的状态来适应毕业班的学习与生活。

【活动实践】

毕业并不意味着结束，而是开启了人生的另一个新起点。我们要以轻松愉悦的心情来拥抱毕业季，以最美好的方式告别小学。因此，有必要开展一些具有纪念和育人双重价值的毕业季活动，它的价值不容小觑，对于增进师生、同学间的情感具有举足轻重的作用。

为了进一步丰富毕业季的活动主题，从学生的全面发展和个性凸显出发进行选题，为学生搭建展示自我的平台，让学生在音乐文化中感受自己的独特魅力，从而提升学生的艺术涵养，开阔视野，陶冶情操，同时进一步展示六年级学生在校内社团及校外各种培训机构所学的丰硕成果。六年级全体共同协商决定结合“校园四季”的系列活动，合作开展“温暖你的心，暖冬音乐会”小系列活动，为“蒲公英的梦想毕业季”大系列活动拉开序幕。

噢，原来音乐会是这样子的呀！

既然要举办音乐会，那就得先明白音乐会的表演形式。前期，我们通过查阅资料、观看视频等形式明确音乐会与其他集体活动的区别。音乐会或演奏会，是指在观众面前进行现场表演，通常是音乐表演。音乐可以是单独的音乐表演也可以是集体演出，像是管弦乐团、合唱团等，基本与乐器的演奏有关，而与演唱无关。

音乐会的举办地点有许多选择，鉴于学校场地有限，加上考虑到音乐会特有的气质，经我们共同商量，决定将音乐会表演场地定在学校三楼综合电教室，有一部分学生现场参与，另一部分学生则在各个班级的课室通过现场直播的方式进行观看。既然它是属于我们的毕业季系列活动，那就必须是全员参与，一个都不能少。

通过前期调查，我们还了解到音乐会的相关礼仪，比如入场应提前（以免影响演出）、着装要正式（这是重视音乐会的直接表现）、熟知现场观赏注意事项（避免错过精彩演出，不要发出干扰其他观众欣赏音乐艺术的声音）等。现在，我们对于“音乐会”这个词不再是一无所知，而是在脑海中有了个大致框架。

嘿，我们一起来为音乐会做准备！

为确保音乐会顺利进行，经过各班班委的协商合作，整个年级将音乐会的相关工作分成四个大项目组，分别由四个班级承担。我们班在此次音乐会中承担的任务是负责节目收集和节目单的编排。接受此次任务后，我们分别开展了“暖冬音乐会策划会”“暖冬音乐会推进会”。

在“暖冬音乐会策划会”中，鉴于音乐会的特有气质，全班同学分成四人的小组进行讨论，先排除掉唱跳类的节目，接着积极动员拥有演奏才艺的同学参加，由他们自主申报演奏曲目（管乐包含班级里所有参加年级管乐社团的人员。钢琴：陈虹年、石华欣、曾紫昕、易容方。吉他：梁铭灏、吕春宣等），大家的参与热情极高。在此次策划会上，仍有学生没有明确音乐会和演唱会的区别，我们经过讨论、交流与分享前期查找的资料，再次对音乐会进行了定义，并对自主申报的演奏曲目进行了第一次筛选。最后，再由班委将我们班级内部最终确定的演奏名单以及参加海选的视频交给音乐老师进行第二次专业性的精挑细选。

在推进会中，我们共同完成了以下任务。

首先，确定班级内部各个小项目组的分工安排，全班分为四个大组，分别派出代表到年级中的四个班级进行节目的收集，一个大组负责一个班级，如第一大组负责六（1）班，第二大组负责六（2）班，以此类推。而节目单的编排先自主报名，再择优选取一批拥有绘画才艺的同学成立节目单编排组。

其次，按照音乐会的相关礼仪，明确现场观众的入选标准。因学校三楼综合电教室面积的限制，对于座位的安排，每班仅有 15 张入场券，名额有限，无法照顾到全体学生。由于对于音乐会现场观众的要求较高，因此，特别要强调参加音乐会的相关礼仪，但也要考虑学生参与活动的积极程度，以示客观、公平、公正。

最后，由本班此次音乐会的两位总负责人（曾紫昕、张语涵）综合同学们在此次音乐会前期策划中的具体表现来确定现场观众名单，并上交给年级负责人再进行整体统筹安排。

哈，让音乐会的氛围再暖一些吧！

推进会后结束后不久，我们又开始讨论，班级层面如何规划，才能确保年级的此次“暖冬音乐会”顺利进行。经过班委的组织协调，我们进行了以下的分工合作。

（1）全班同学按照推进会中确定好的分工安排，相互合作，四个大组先派出代表携带纸笔，分别走进各班课室去收集各班自主申报的节目，收集内容包括表演者、表演曲目、表演初选视频和个人介绍 PPT 等，收集时要做好记录并保存。接着，班委将各班自主申报的演奏曲目进行简单汇总，再邀请音乐老师将收集到的整个年级所有节目进行专业地筛选。

（2）经由音乐老师专业筛选后留下来的精品节目，统一由班级节目编排组的成员进行编排，自主设计制作节目单，包括封面设计、节目编排的顺序等。其中有许多需要修改的小细节，他们多方听取建议，并做了积极地调整和处理。比如：节目单的封面可以用哪些色调或图案，设计可以自主，但不能随意；设计主题需要围绕“音乐会”“感恩”“辞旧迎新”等。我们节目单编排的小设计师们认真负责，仅节目单的设计与制作就经过多次反复修改，遇到问题时，还会主动请教老师。最终，我们精心设计的节目单获得了学校美术老师的高度称赞！

来，一起奏响属于我们的畅想曲！

经过近一个月的精心准备和多方协调，“蒲公英的梦想毕业季”系列活动的第一乐章——“暖冬音乐会”于 2018 年 12 月 29 日顺利召开，我们邀请了许多领导参加，家长们也都积极观看网上直播，参与互动，大家对于此次自发组织的音乐会给予了高度评价。这也是我们辞旧迎新的一次盛大聚会，孩子们通过此次音乐会展示了积极向上的精神风貌，进一步提升了实践能力，有利于促进学生的个性和谐发展。

许多孩子在成长手册中写下了他们的感受，音乐带给了他们愉悦的享受，他们觉得校园生活不再枯燥乏味，变得丰富多彩起来。上台表演的孩子们表达出对学校最真挚的感谢与祝愿，有些同学对于自己在此次表演中还发挥得不够好而深深自责，他们期盼以后还会这样的平台，到时他们必将抓住机遇好好表现一番。孩子们写下他们的真实感受，道出了他们的心声。的确，我们可以让毕业季活动富有更多色彩，而不仅仅是颁发一张毕业证或者是举办一次隆重的毕业典礼，毕业活动也可以具有灵动性，为孩子们的小学生活留下美好的回忆。

【教师自评】

如今，毕业季活动已经引起越来越多的中小学学校的关注，并进行了较大的改革与创新。毕业季不能一味地追求隆重与新意，它有它的特殊性。借此次举办“暖冬音乐会”的契机，我对毕业季系列活动的设计有了更为清晰的认识。

1. 立足学生成长需要

群体中有个体，共性中有个性，学生的成长需要是活动设计的研究重心，我们要以活动促学生成长。

2. 注重活动的长程性

此次“暖冬音乐会”只是活动大系列中的小分支，毕业也不是某一天，而是一整年，将“毕业”二字融入一年整的班级日常生活，让充满仪式感的活动创造教育生活的美好与诗意。

3. 形成多方教育合力

母校也是同学们的家，同学、老师、家长都是一家人，要充分利用多方力量和教育资源来发挥毕业季的德育功能。这场特别的音乐会，让我们不仅看到了学生的成长，也感受到了孩子与家长之间那温暖又伟大的亲情。

4. 激起学生情感共鸣

毕业并不意味着结束，而是开启了人生的一个新起点。只有了解学生需求，站在学生的立场，找到学生的情感共鸣点，毕业季活动才能真正走进学生心里。

“长亭外，古道边，芳草碧连天”，每一段旋律都记载着同学们不同的复杂心情。“蒲公英的梦想毕业季”畅想曲还在继续，让我们以最美好的方式告别小学，让每一位走出玉律学校的小美玉都能熠熠生辉！

【参考文献】

[1] 李家成，王晓丽，李晓文.“新基础教育”学生发展与教育指导纲要 [M]. 广西：广西师范大学出版社，2009.

[2] 闫艳 . 别有教育味儿：中小学毕业季活动透视 [J]. 中国德育，2013，(12)：33-34.

第三节 畅游初中梦

肖晓艺

【学生阶段特征分析】

经过一个学期的紧张学习和充实活动，六年级学生已经基本适应了毕业年级的学习与生活，开始表现出对初中生活的浓厚兴趣和向往之情，同时也会产生一些疑问和憧憬。有部分同学对小学阶段的最后一个学期感到迷茫，在学习上表现得不够积极主动。

因此，我们开展了实地探究活动——“畅游初中梦”，一是让六年级的学生对未来的初中生活有一个初步的了解，二是通过活动激励他们努力学习，以更好的状态迎接初中生活。

【活动实践】

畅游初中梦之缘起

孩子们进入六年级，也就意味着即将毕业的他们，像蒲公英一样，带着梦想，飞向远方。其实，进入高年级后，不少学生从哥哥姐姐或老师口中都或多或少地了解到初中的学习生活，对初中生活表现出了浓厚的兴趣，逐渐产生了对初中的向往之情。自他们也有一些疑问和憧憬：初中生活会是什么样子的呢？会有怎样精彩的学习生活在等着我们呢？我们又将会面临怎样的挑战呢？与此同时，也有部分学生进入六年级后心态发生了变化，易产生倦怠情绪，不清楚自己的方向和目标，学习上缺乏积极性。

基于以上情况，结合六年级“蒲公英的梦想毕业季”系列活动，由学生收集意见，利用班队会进行讨论、投票，最终决定开展“畅游初中梦”主题活动，并以小组的形式开展前期准备工作。

我们可以这样去寻梦

活动主题已经确定了，那么活动该怎么开展呢？在各小队长的组织下，全班同学以小队为单位分成六个小组迅速展开了讨论。在讨论的过程中，各组组员畅所欲言，他们普遍对初中的校园环境、课程安排、学习形式、学习方法等很感兴趣，也有部分同学表现出了自己的担心和压力。在展示环节，六个小组依次上台，汇报自己小组讨论的活动开展方式。经过投票，决定按照顺序开展如下三项活动。

（1）开展“我心目中的初中生活”主题演讲活动，畅谈心目中的初中生活，并定下本学期的学习目标（第三周开展）。

（2）通过采访学长学姐（自己的哥哥姐姐，或本校已毕业的学长学姐等），了解初中的学习生活。

（3）利用周末、学校开放日等机会，到初中校园去实地参观、体验，将自己的见闻、感受以及对初中生活的畅想用文章、手抄报、照片、视频、“美篇”等形式表达出来，优秀作品将在文化墙和走廊展板上被展示（第八周进行展示）。

这就是我心目中的初中生活！

确定了活动内容及开展方式，同学们便按既定的分组，分成六个小队开展活动。活动的开展充分尊重学生的个性发展和成长需要，由学生分小队完成各项活动，在活动过程中培养学生的活动策划、社会交际和团结合作等方面的能力，让他们在活动中逐渐了解初中生活，并定下目标，为之努力学习。

“我心目中的初中生活”主题演讲采取小组内交流讨论与班级演讲相结合的方式，在小队长组织下，各小队对“我心目中的初中生活”进行交流，从初中校园环境、课程、作息、社团等方面发表了自己的构想。在讨论过程中，小队长组织队员围绕“我心目中的初中生活”有序发言，综合讨论结果，在小组内选出一名代表在班会课上演讲。

在第三周的班会课上，“我心目中的初中生活”主题演讲拉开序幕，由飞翔小队队长庞飞扬主持，每队推选一个代表上台演讲，再推选一人与其他组推选代表组成六人评委组，演讲顺序及内容如下。

“我心目中的初中生活”主题演讲题目汇总

小队	演讲代表	演讲题目	评委代表
天道酬勤小队	陈博文	《用奋斗点亮初中生活》	董家轩
飞翔小队	陈柳曦	《立足当下，展望初中》	李俊豪
感恩向上小队	刘轩郝	《初中生活真美好》	李柏熙

续表

小队	演讲代表	演讲题目	评委代表
梦想小队	唐吉娜	《我的初中我的梦》	徐家岷
温暖小队	李乐平	《初中生活，温暖你我》	黄嘉凯
启航小队	周思琪	《初中生活我来说》	黄榆林

每个小队演讲完后，由观众、评委代表和老师分别点评，最后由评委进行打分。

演讲环节，各小队代表围绕“我心目中的初中生活”这一主题，从不同角度诠释自己对初中生活的理解和憧憬。例如，天道酬勤小队以《用奋斗点亮初中生活》为题，讲述了专心学习、努力奋斗是初中学习生活的重点，表达了自己积极向上的决心；感恩向上小队以《初中生活真美好》为题，畅想初中学习生活的美好，表达自己对丰富多彩的初中生活的向往。观众及评委的点评也有许多精彩之处，薛世锋同学说：“我很赞同天道酬勤小队的观点，我们要努力学习，才能使初中生活过得更加充实而有意义。”黄嘉凯同学说：“梦想小队所描绘的初中生活跟我想象中的很相似，初中生活就是应该多姿多彩，我们可以认识到更多的老师和同学，开展更有意义的活动。”

演讲结束后，经过评委打分、观众投票相结合的方式，最终天道酬勤小队获得本次演讲比赛第一名，飞翔小队、梦想小队紧随其后。更重要的是通过本次演讲活动，同学们对自己心目中的初中生活更加清晰，也纷纷定下了学习的目标，坚定了努力的决心。

学长学姐有话说

经过“我心目中的初中生活”这一活动，同学们对即将到来的初中生活有了自己的美好憧憬，而现实中的初中生活又是怎样的呢？要了解初中生活，其中一种方式就是让读初中的学长学姐到学校给全班同学谈一谈初中生活，但由于初中与小学上课时间重合，并且学业更繁重，因此利用周末进行采访，再汇报采访结果是更为合适的方式。在六（4）班，有十几个同学的哥哥姐姐在读初中，可以很方便地采访他们。经过讨论，六个小队确立了如下分工。

（1）制定采访方案与统筹安排：天道酬勤小队。

（2）联系学长学姐：感恩向上小队。

（3）设计采访记录表、拍照：飞翔小队。

（4）采访学长学姐：梦想小队、启航小队。

（5）“美篇”汇报分享：温暖小队。

通过统计，有15个同学的哥哥姐姐可以接受采访，他们所在的学校主要有光明区实验学校、长圳学校、光明高级中学、公明中学。但是，感恩向上小队的同学并不满足于采访哥哥姐姐，也想进一步采访其他初中的学长学姐，于是他们想到了一个好办法——让哥哥姐姐联系他们的同学进行采访。经过一番努力，他们找到了光明外国语学校、光明二中等初中的学长学姐，最终选取八人进行采访。在整个活动过程中，他们也遇到了一些困难。好在他们能团结一致，共同想办法克服困难，各小队之间也能互相帮助，不拘泥于分工。如由于人数较多，天道酬勤小队一时找不到合适的采访场地，这时其他小队主动出谋献策，经过讨论，最终决定根据时间和住处，分三个场地进行采访。在各小队的协调配合下，采访顺利进行。在采访的过程中，同学们展现出了良好的合作意识和解决问题的能力，采访结果由温暖小队通过“美篇”展示出来。同学们观看后发现，他们心目中的初中生活和学长学姐口中的初中生活是有许多不同的：想象中的初中生活是轻松愉快的，而现实中却有不少压力；想象中的初中生活可以参加很多活动，而现实中时间都被学习挤占了；等等。

实地参观体验，畅想再出发！

通过对学长学姐的采访，同学们对初中生活的认识有了大概的轮廓，而具体的细节则是要通过实地参观体验来获得。在采访活动中，他们也和学长学姐建立了初步的联系，这次正好利用周末时间，由学长学姐带着他们参观校园。由于玉律学校初中部还未开始动工建设，经过讨论和分析对比，他们选取了六所最感兴趣的初中，分成六个小队进行实地参观体验。

（1）长圳学校：感恩向上小队。

（2）光明区实验学校：天道酬勤小队。

（3）光明高级中学：梦想小队。

（4）公明中学：启航小队。

（5）光明外国语学校：温暖小队。

（6）光明二中：飞翔小队。

在参观之前，各小队召开了前期筹备会，对参观过程中的拍照、录像、提问，以及采访后的手抄报、文章等任务都事先进行了分工，做到事事有人做，人人有事做。进入初中校园后，在学长学姐的指引和讲解下，他们兴致勃勃、充满好奇，也提了许多自己感兴趣的问题。启航小队对公明中学的体育馆很感兴趣，周思南同学说：“这个体育馆可真大啊！下雨天也能上体育课了。”而梦想小队则对光明高级中学的教学楼印象深刻，唐吉娜同学说："光高初中部的一个年级都有二十多个班，都快赶上我们全校了！"他们一边参观，一边将初中校园与本校作比较。参观后，他们趁热打铁，当天下午就进行了照片的整理，以及手抄报、文章的创作。

第七周，他们创作的图文并茂的"美篇"在班级群里分享，让每个同学和家长都能了解到各个初中的校园环境、学习要求等各方面的特点。在各小队的努力下，第八周，他们的作品如期在文化墙和走廊展板上进行了展示。

在演讲、采访学长学姐和实地参观体验等活动过后，他们对初中学习生活的了解也更加全面、深入了，心中理想的初中生活也逐渐清晰起来。根据安排，每个同学在"心愿卡"上写下了自己对初中生活的畅想，并定下了学习目标，在文化墙"畅游初中梦"板块进行展示，以此激励同学们努力学习，为初中的学习打下坚实基础，共同迎接美好的初中生活。

【教师自评】

1. 全新的尝试

从往年的活动来看，六年级已经有比较成熟的"蒲公英的梦想毕业季"系列活动，有不少可供借鉴、参考的经验，而"畅游初中梦"则是今年新开展的一项活动，这对我和六（4）班的学生来说也是一次全新的尝试，需要我们自主策划、协调合作、实施活动。

2. 困难和障碍

这次活动既要联系、采访学长学姐，又要实地参观中学校园，还要克服活动场地和活动时间的限制，这无疑给了我们不小的挑战。活动中，演讲的开展形式，采访场地的选定，如何进入中学校园等都是比较有代表性的问题。值得庆幸的是，尽管在活动策划和实施推进过程中遇到了很多问题，但六个小队都能迎难而上，主动征求老师意见，积极思考，讨论解决问题的方法。一是要大胆把权利下放给学生，鼓励他们自主开展活动；二是要积极发挥教师的指导作用。

3. 学生的成长

六年级的学生是渴望表现自我，渴望获得认可的，同时他们也渴望独立，渴望成长，这一次"畅游初中梦"活动正好给他们提供了一个展现自我、独立探索的平台。从活动的策划、实施、推进到总结，我们不难看出，学生们都在不断成长，在处理问题能力、人际交往能力和团结协作能力方面都得到了不同程度的提升，对初中生活的理解也更加清晰和完整。

第四节　融资会，画梦想

徐苗佳

【学生阶段特征分析】

六年级学生的逻辑思维能力越发成熟，能够理智地分析问题。在这个阶段，他们的学习自主性有了明显的提高，能在未来目标的引导下学习，发展的主动性增强。

六年级的主题活动一般围绕着毕业教育，这样可以更为集中有效地解决学生在面临毕业时可能出现的问题，满足学生在这一特殊阶段的成长需求，避免让升学成为学生唯一的生活目标，引导学生正确对待压力，正确看待学习中的困难，激发学生对未来生活的向往，使他们能够以积极的心态，树立合理的目标，并能够向着目标努力。

随着活动的开展，学生逐步将自己的生活世界拓展到家长群体中，在这一过程中，他们将建立起与其他家长之间的新关系。就内容而言，这将极大丰富学生的生活世界。每一位学生家长都是一个丰富的聚焦体，其背后的职业生活、社会生活、人生体验与智慧，都可以成为学生成长中的资源。

希望通过本次的融资大会活动，筹集到体育节专项奖的经费，提高学生策划活动的整体思维能力，让他们对投资、融资有初步的认识，同时也考验他们现场的反应能力和应变能力。

【活动实践】

今年是我班加入“新基础教育”实验的第三年。前两年，我们围绕着“财经素养”这个主题，开展了“我会挣钱啦”和“我会理财啦”系列活动。今年，我们对“财经素养”主题进行了新的探索，开展“我会金融啦”系列活动。

开学后，在班会课的讨论中，我们对“班级银行”进行了升级，成立“财商学院”，分设了活动部、宣传部、会计部、外联部和学习部五个常规部门，并成立了由核心成员组成的财商学院理事会。

作为即将毕业的学生，孩子们一直在思考，毕业后能为母校留下什么。经过多次讨论，他们决定在“财商学院”下成立“财商学院基金会”，毕业后，把基金会留给母校，让“财商学院”的爱心精神能继续传递下去。

体育节专项奖，经费不够怎么办？

在去年的体育节，学生们通过收集旧报纸、手工义卖等活动筹集经费，并用这些经费给学校里的运动健儿免费提供葡萄糖水。那么，今年的体育节，他们又能做些什么呢？

在班会课的讨论中，有同学提出，体育节获奖后只有奖状，今年可以用“财商学院”的名义设置一些奖项，并出资购买奖品。通过这样的方式，一方面扩大“财商学院”的影响力，另一方面也为后续将“财商学院”的精神和理念传承下来打好基础。这个提议得到了大家的认可。

距离体育节还有半个月的时间，但是目前手头上没有经费，如何买奖品，这成了摆在孩子们面前的难题。

是否通过再次开展义卖活动来赚钱？这个想法浮现在部分孩子脑海中。在多次的活动经验中，孩子们已经掌握了通过义卖来筹集经费的方法。然而有部分孩子提出不同看法：每次都是通过义卖来筹钱，还有没有其他方法？作为班主任，我也在思考，能不能让孩子们在赚钱活动的基础上有更多的学习和锻炼机会呢？

融资，我们需要怎么做？

一开始，学生打算通过“拉赞助”的方式来筹集这笔经费，他们想走出学校和社区、与商家打交道。然而，由于准备不充分，他们向商家提出“拉赞助”的想法后，被商家毫不留情地拒绝了。这对原本信心满满的孩子们来说是一个不小的打击。我一方面安慰他们，一方面也在和他们想办法并一起探讨：让商家们白白拿出这些钱来赞助我们，确实是有点难，毕竟他们并不是很理解我们在做什么。能不能换个角度思考，他们如果帮我们筹集到了这笔经费，我们又能给他们带来什么利益呢？另外，是只让每个商家赞助一点钱，还是多找几个商家凑齐所有的经费呢？在引导孩子思考的过程中，我也逐渐意识到，这种筹集经费的方式属于金融界的一个术语——融资。也就是说，其实我们可以用融资的方式来筹集经费！

我在网上查询了相关的资料，并找金融界的朋友了解了融资的基本操作方式后，便把搜集到的材料提供给学生们，让他也一起学习。

周末我给学生布置了一个任务：和爸爸妈妈一起学习“什么是融资”，以及“融资的方式和流程”，下周一班会课上和大家分享自己学习到的“融资”

有关内容。

周一早上，刚到学校就有几个孩子很兴奋地找到我，说："老师，我们知道你为什么让我们了解关于'融资'的内容了，我们这一次的经费筹集也可以用'融资'的方式来实现！"看来周末的学习果然有用！当天的班会课上，大家一起分享自己的学习心得，大部分同学基本上都知道融资的方式和流程了。

在孩子们分享完学习心得后，我给孩子们播放了《领袖峰会》节目的项目投融资路演视频，让孩子们用更直观的方式进一步了解融资的形式。

在此基础上，我们正式提出了可以用"融资"的方式来筹集体育节的活动经费。在已有的学习基础上，孩子们很快就意识到还存在一个问题：用"融资"的方式来筹集经费，但是，如何吸引别人来投资呢？别人投资后，能得到多大的利润？

我们又利用了一节班会课的时间让孩子们讨论活动前期准备的工作，包括体育节奖项的设置、奖品及费用，还有融资的过程、融资的具体方案、后期活动的开展等多个活动。借助思维导图，我和孩子们一起理清了活动的思路。

以往只是策划一个活动，但是这次要策划的活动涉及许多方面，有很多从没接触过的东西，对孩子们来说难度很大。

我们召开了"融资大会"的策划会，由"财商学院"各个部门分别领取各项任务：宣传部对奖项的情况进行调查并负责奖项、奖品的设置和奖状的设计；会计部的孩子进行奖品的预算和后期义卖活动物品的预算，为此他们除了在网上了解商品价格外，还特意到批发市场对所需的商品进行实地考察；外联部和学习部的孩子讨论并制定出融资方案，准备好融资合同，并负责制作邀请函邀请商家和家长；而活动部则对后期的义卖活动做出具体的活动策划。每个部门都有自己的职责，部门之间环环相扣，每个孩子也都能积极参与到活动的筹备中。

融资大会，我们来开！

在各个部门做好准备后，2016 年 11 月 29 日上午，我们邀请了考虑投资的商家和家长，拉开了"融资大会"的序幕。

本次活动分为三个环节。

环节一："财商学院"各部门介绍"融资大会"的活动方案。

先由各个部门的代表分别上台汇报活动的进展以及活动方案。首先，宣传部的同学展示了"财商学院体育节专项奖"的海报和他们设置的五六年级关于跆拳道比赛和手球比赛的团体奖项和个人奖项。其次，会计部的同学根据宣传部所设置的奖项设置了相应的奖品，并进行了经费的预算。最后，由外联部和学习部的同学介绍本次活动最重要的环节——融资方案。他们公布了本次融资所需的金额，以及所筹的这笔钱的用途。他们提出，打算后期通过圣诞节义卖活动让投资的商家们有获取利润的空间。如果最后能获得利润，利润部分将以“五五分成”的方式，其中一半的利润由“财商学院”获取并作为基金会的费用，另外一半的利润由投资者们获得，并根据各自投资的比例进行分配。他们还向商家们展示了初步拟好的融资合同。在介绍完融资方案后，活动部的同学在最后就打算开展的圣诞节义卖来说服商家们进行投资，他们除了有丰富的经验，还做了充分的准备，从进货价、预售价、预计赚取总额等数据进行了详细的说明，以说服现场的商家和家长进行投资。

环节二：商家针对活动方案进行提问，各部门回应商家们的提问。

以下是这个环节的课堂实录。

老师：听完了同学们的方案分享，现场的商家们有什么疑问吗？请大家提出自己的疑问，同学们要认真做好笔记。

商家 1：在义卖地点的选择上，你们选择的是玉律广场，但是据我观察，南海百货的人流量会更多，你们是否会考虑南海百货？

商家 2：你们打算开展圣诞节义卖活动，如果东西没有卖完，你们会怎么做？

商家 3：如果投资，什么时候可以拿到本金和收益？

商家 4：你们如何确保经费的公开透明？对于资金的使用情况你们打算如何处理？

商家 5：除了圣诞节义卖活动，你们是否还会开展其他活动让我们获利？

老师：请大家对商家们提的这几个问题先进行思考，也请每个部门的部长上来商量你们各个部门负责回答的问题。

（部长领取问题任务，各部门进行思考，讨论如何回答商家的问题。）

外联部代表：我们负责回答第二个问题“如果东西没有卖完怎么办。”我们是这样计划的，因为我们是在 12 月 18 日开展圣诞节义卖活动，离圣诞节还有一个星期的时间。如果当天卖不完的话，我们可以利用圣诞节前几天的时间拿到学校来卖。利用午练前的时间在学校里摆摊，或者卖给小店的老板，让他们帮我们卖。

会计部代表：我们负责回答第三个问题“什么时候可以让大家拿回本金和收益。”我们预计在这学期结束之前，也就是 2017 年 1 月 10 日之前归还大家的本金和收益，尽量让大家有利润。到时候有可能的话我们会开展分红大会，让大家一起来分红。

宣传部代表：我们负责回答第五个问题“是否还会开展其他活动。”因为我们这个活动开展完已经接近学期末了，我们也要进入复习阶段。因此，我们会在预计的时间内和大家结清这些资金。但是，我们下学期还会开展其他的活动，如果大家信任我们的话，我们以后还可以继续合作。

学习部代表：我们负责回答第四个问题“如何确保经费的公开和透明。”我们打算建立一个QQ群，到时候把我们的支出和收入情况都公开在QQ群里，大家也可以派代表对我们的活动进行监督，我们保证会把所有的情况都公开给大家。

活动部代表：我们负责回答第一个问题“是否考虑南海百货。”我们认为，南海百货人流比较多，场面可能会难以把控，不过如果现场有一些义工家长帮忙的话应该是可以的。另外，我们也不知道场地的申请问题应该如何解决，这个我们会向村委申请一下。南海百货的人流量比较多，确实是一个优势，我们会跟进这个问题，看看是否能在那边开展。

环节三：商家们表明投资意向并签订融资合同。

商家们经过思考和讨论，在表明了他们的投资意向后，上台和“财商学院”的代表签订了融资合同。

“财商学院”的孩子们最终如愿筹集到1000元的资金，融资大会在大家的掌声中圆满结束。

圣诞义卖赚到钱，我们分红啦

“融资大会”结束了，但是活动并没有结束。孩子们用融资筹集到的一部分资金购买了体育节专项奖的奖品，在升旗仪式上为获奖班级和个人颁奖；其余的资金作为本金，孩子们拿着这笔资金到批发市场进货，购买了一批圣诞节用品，并在圣诞节前夕开展了圣诞节义卖活动。义卖活动中孩子们表现十分积极，在孩子们的努力下，他们把所有的东西都卖了出去，最后一共卖了1750元，除去1000的融资金额，还赚了750元，也就是说，每投资100元，净利润是37.5元，利润高达37.5%。

圣诞义卖活动结束后，2017年1月5日下午，我们召开了“分红大会”。商家们高度肯定了孩子们的表现，还大方地把活动中赚到的利润捐给了“财商学院基金会”。就这样，“财商学院基金会”有了第一笔资金！

活动结束后，我们召开了一次总结会。孩子们总结了整个“融资大会”过程中的收获。有孩子说：“在‘融资大会’中，我学到了很多新的东西，除了懂得什么叫‘融资’，我还学会了跟外面的商家们打交道！”“这次的活动是我们这两年多来开展过的难度最大的一个活动，以前的活动只涉及单独内容，这次的活动涉及很多方面，有很多从来没接触过的东西，但是我们还是能做好，感觉很自豪！”

家长对我们的活动给予了高度评价：“昨天我也以投资者的身份参加了六（1）班‘财商学院’的‘融资大会’，同学们给我上了一节经济学课程，我才略懂一二。同学们对融资投资的话题都能做出详细的解释和分析，对投资者提出的疑问也能一一解答。这节课让我感受到同学们对活动的组织和策划能力都有了明显的进步，语言表达能力和应变能力也有所提高，将来我们班会出现不少企业大老板哦。”

系列活动完成后，从体育节专项奖的设置、奖品的购置、颁发，到融资大会的筹备，圣诞节义卖活动的开展，再到后期的分红大会的开展，环环相扣、层层递进，整个系列活动也拓宽了学生的交往面，学生的统筹能力、协调能力、问题解决能力等多方面的能力都得到了提高。

【教师自评】

1. 主题系列活动的推进

从“我的零花钱我做主”系列活动到“班级银行”系列活动，再到“财商学院”系列活动的开展，围绕“财商教育”，本次活动在前期的基础上有了新的突破。从以往的“赚钱”“花钱”，到本次活动结合了“投资理财”“融资”等新元素，让学生对投资、理财有了初步的认识和了解，打开了学生的视野。

2. 公益性活动的延续

以往的活动，学生把劳动所得的钱用于爱心捐款，开设能量补给站、给清洁工阿姨送汤圆等。本次活动，“财商学院”为五六年级的同学设置奖项、购买奖品，肯定运动健儿们在运动会上的精彩表现，这些活动都属于公益活动，通过这些活动，学生对金钱有了进一步的认识和理解，也逐渐明白金钱的意义，对于培养学生的财经素养也起到了一定的作用。

3. 交往范围的拓宽

在以往的活动中，学生虽然也在社区开展过活动，与社区人员有过接触，但是在简单的义卖活动后，学生与社区人员的交往关系随着活动的完成而结束。而在本次活动中，学生与商家、家长建立的是一种合作关系，从前期的沟通、“融资大会”的邀请、“融资大会”现场的互动、分红大会的召开，在这一系列活动中，学生与商家、家长建立了一种合作关系，他们要说服投资者来投资这个公益项目，同时也要从投资者的角度来考虑如何让他们获取更大的利益。一系列活动拓宽了学生的交往范围，同时也使他们学会了如何更好地与他人进行交往，提高学生的交往能力。

4. 活动育人价值的挖掘

本次“融资大会”融资、签合同等属于商业、法律、经济启蒙等多方面的活动，对孩子们来说是一个完全陌生的领域，能否在这些方面挖掘更多的育人价值，在商业、法律等方面继续延伸，开发出更多的育人资源，同时深挖财经素养的价值，这些都值得思考。

第五节　快乐毕业季，年年不相同

沈玉芳

【学生阶段特征分析】

六年级的学生面临升学问题，学习任务繁重；家长期望孩子以优异的成绩迎接初中学习生活。面对自我的目标和家长的期待，学生心理承载着较大压力，容易出现焦虑的情绪。他们渴望用丰富多彩的生活和多维度的人际交往来缓解压力，超越自我发展。

为了丰富学生校园生活，给孩子搭建展示自我的舞台，让学生感受音乐文化的独特魅力，提升学生的艺术素养，开阔艺术事业，陶冶艺术情操，同时进一步展示学校各社团的丰硕成果，展示学生积极向上的精神风貌，培养学生的实践能力和创造精神，促进学生个性和谐发展。

为满足学生在这特殊阶段的成长需要，避免让升学成为学生唯一的生活目标，引导学生正确对待压力，正确看待学习中的困难，激发学生对未来生活的向往，使他们能够以积极向上的心态，树立合理的目标，并能够为目标努力奋斗。教师尽可能充分地利用六年级毕业季的一切教育机会，为他们将来在中学的发展搭好最后一块砖。

【活动实践】

2014 年前，玉律学校的六年级学生的小学生活随着暑假的开始而结束，没有任何形式的毕业仪式。小学毕业是人生第一成长阶梯的成长节点，对学生来说有重大意义的。所以毕业季活动没有开展，毕业季节点的育人价值易被忽略，学生能力与情感的成长需求也易被忽略。

收获·成长·感恩

2015年7月，六年级全体师生在玉律广场开展毕业季活动。我校加入“新基础教育”研究活动，在李家成老师的指导下，在王婷校长的带领下，全校教师积极、主动加入“新基础教育”的研讨和实践中，领悟“新基础教育”的理念以及育人价值，秉承着“教天地人事，育生命自觉”的宗旨，深挖育人价值，为了促进学生的健康成长，我校开展丰富多彩的班级组织活动、班级文化建设活动和班级生活重建等活动。六年级学生积极参加隆重而有仪式感的毕业汇演活动。活动内容的组织和策划以班主任老师为主，音乐老师为辅，由他们共同合作完成活动项目的设计和组织学生排练节目。本次毕业汇演参与的学生大部分是有艺术特长的学生，师生同台演出，活动内容丰富多彩，仪式隆重。虽然本次毕业季活动有了毕业仪式感，但是学生参与率低，代替性凸显，有才艺的学生代替全体学生，活动策划自主权牢牢掌握在教师手中。这次活动不足之处是学生参与率低，没有体现学生的全纳性，缺乏对学生自主成长的育人价值的挖掘。

逐梦，我们携手同行

2016年7月，六年级全体师生在玉律广场开展毕业季活动。学校总结2015年的毕业季优点与不足，对2016年的毕业季活动有了新的想法。根据“新基础教育”的理念，应把活动的主动权还给学生。本次毕业季活动的策划权重心下移，班主任老师和音乐老师协助学生策划，师生合作完成。因为学生参与率高，学习能力参次不齐，所以用时一个多月才完成节目排练。活动中，全体学生都上台演出，舞台绚丽，仪式隆重。活动场地设在玉律广场，场地宽敞，方便全部村民一起观赏。这次活动场地布置华美，节目内容丰富。在王婷校长按下“毕业起航键”时，画面中雄鹰展翅飞翔，此时六年级学生列队上台，向观众挥手示意并高呼“我毕业了”。王婷校长、曹岭红副校长和张静慧副校长齐上台给六年级学生拥抱并亲自颁发毕业证书，场面感人。老师、学生和家长对六年的学生生活有很多的不舍，纷纷挥泪告别。本次毕业季活动庄严隆重，学生有收获也有成长，通过活动的策划和开展，给学生搭建成长的平台，让学生充分体验了活动自主性，激发学生的内生力，活动的育人价值有了进一步的体现。本次毕业季活动内容丰富，形式多元化。但是活动节目中文艺汇演居多，艺术性强，学生毕业典礼变成了文艺汇演，活动的开展没有立足学生的日常生活，没能很好地体现学生在日常学习生活中的点滴成长。

花开，我们共沐成长

2017 年 7 月，六年级师生在学校操场开展了毕业典礼。总结 2015 年和 2016 年毕业季活动的优点和不足，本次毕业季活动以“项目班级”的形式开展。我们将一整年所有班级学习生活浓缩成节目搬上舞台。根据班级学生日常活动的开展和班级生活的重建，以班级项目的形式体现在毕业季活动中。六（1）班的项目是“财商素养，我成长”的系列活动；六（2）班的项目是“幼小衔接手拉手，我能行”系列活动；六（3）班的项目是“交往感恩，我珍惜”的系列活动；六（4）班的项目是“我与山区学子手拉手，共成长”的系列活动。活动内容主要分为以下四个篇章。

第一篇章：《恰同学少年》，由六（2）班学生通过情景剧的方式把“幼小衔接手拉手”活动的组织策划和开展的整个过程完美地在舞台上展现。

第二篇章：《成长的精彩》，由六（1）班的同学们将三年来开展的财商活动，通过艺术的表现形式呈现给大家，展示的内容丰富多彩，展示方式多样化，有小品《爱心义卖》、朗诵《致财商学院》和合唱《爱让我们是一家》三个节目，通过活动完美地呈现了孩子们三年来在班级生活和班级活动重建中的点滴成长。

第三篇章：《谢谢你的爱》，由六（3）班的同学们将本学年所开展的“交往感恩”主题活动展示出来，通过活动把孩子们的友爱、责任、担当、感恩的品质完美呈现在观众眼前。

第四篇章：《我们都一样》，由六（4）班的师生开展“与山区学子手拉手”的班级主题系列活动，通过音乐剧的形式，讲述“同在蓝天下，我们都一样”的故事。通过故事的呈现，体现了六（4）班孩子们在“与山区学子手拉手”活动中相互帮助和共进共长的情感。学生在舞台上表演的是生活，流露的是真情。本次活动在班主任的引领下，由学生自主策划活动，学生全员参与活动，充分体现学生参与班级日常生活的全纳性。

本次毕业季活动比前几年的活动有更进一步的发展，活动主题和活动形式充分体现了学生立场，把活动自主权交给学生。但是把一整年的活动搬上舞台，学生和老师们在收集整理这些素材时花费了大量时间，如活动前期筹备耗时耗力，经费开支也多，而且典礼上留给班级自主活动的时间少了。

我是优秀毕业生

2018 年 7 月，六年级学生在三楼电教室开展毕业季活动。大家总结了前三年的毕业季活动的经验和不足，此次毕业季活动在 2017 年活动的基础上，回归日常，重心下移，扎根日常，长程设计，把毕业季的活动分散到一学年的班级日常生活中。第一学期的毕业季活动是“温暖你的心，暖冬音乐会”。为了丰富学生校园生活，给孩子搭建展示自我的舞台，让学生感受音乐文化的独特魅力，提升学生的艺术素养，开阔艺术视野，陶冶艺术情操，同时进一步展示学校各社团的丰硕成果，展示学生积极向上的精神风貌，培养学生的实践能力和创造精神，促进学生个性和谐发展。各班学生根据自己的特长，自主报名并在家自行排练。根据 2017 年项目班级开展活动的优点，六（1）班承担的项目有学生自主制作嘉宾邀请函、学生入场券和宣传海报并提前发给相应的嘉宾。六（2）班承担的项目有会场布置、乐器摆放、卫生保洁和维护会场秩序。六（3）班承担的项目为礼仪小队，主要负责对入会场嘉宾的指引和学生座位的安排。六（4）班承担的项目有节目收集和筛选，统计学生参赛曲目和学生人数，活动主持稿的拟写和主持人的排练。三楼电教室空间不足，为了让家长体验到孩子的成长，本次毕业季活动通过网络直播的形式进行，有节目的学生到三楼电教室开展活动，其他学生在各自班级通过电视观看，学生家长线上观看。网络直播是此次毕业季活动的首创，线上观看直播方便学生和家长，同时也解决了场地不足的问题，活动影响力广。第二学期以“我是优秀毕业生”为主题开展活动。活动以促进学生自主发展为目的，以总结学生六年小学学习生活的成长，展望初中生活为目标，开展优秀毕业生评选活动。活动持续一个学期，在日常班级生活中，学生在老师引导下总结六年级学习生活的优点与不足。学生根据自己的不足，确定本学期的努力方向和拟定本学期的成长目标，为实现目标而努力学习，做最好的自己，争做年度“优秀毕业生”。评选方式多元化，有家长评选、学生自评、小组评选、班级评选和年级评选，最后拟定班级优秀毕业生和年级优秀毕业生，并在毕业典礼上为这些学生颁奖。活动的开展聚焦日常，体现活动的长程设计系列化，节省人力、物力和财力。主题涉及学生日常学习生活，活动开展促进学生自主发展，学生全员自主参与，充分体现活动育人的价值。不足之处是活动分两个学期开展，历时长，战线长，缺乏毕业仪式感。

我和我的祖国

2019 年 7 月，六年级优秀学生和学校特色社团学生在光明区文化广场开展毕业季活动。本年毕业季活动最大的特点是融合，学生学习与班级生活相融合，学生发展与学校特色社团发展相融合，学生日常活动与“我和我的祖国”活动相融合。这一年的毕业季活动也是扎根日常，贯穿整个学年。本次毕业季活动目标更加明晰，更关注活动育人的价值。活动过程中关注学生成长的过程性评价和终结性评价，评价方式侧重多维度和多样化，有家长评价、学生自评、科任老师评价、班主任评价和年级领导评价。以一学年学生学习生活和成长为抓手，居于学生立场拟定评选五类项目，涵盖学生的学习、特长、文明礼仪等方面，项目名称分别是学习小美玉、体艺小美玉、服务小美玉、礼仪小美玉、全能小美玉。活动呈现方式是与学校音乐会融合，活动在光明区文化馆隆重拉开帷幕。在高档次、高规格的史诗般的听觉盛宴中，学校对毕业班优秀毕业生代表进行了表彰，并对这五类项目的优秀小美玉进行嘉奖，献上鲜花与祝福。本次活动以音乐会的形式，在如此隆重的场所对学生进行表彰，活动仪式感强，意义深远，充分培养学生的光荣感、自豪感和使命感。

芬芳，我们勇敢绽放

2020 年 7 月，六年级全体师生在各班课室和三楼电教室共同开展毕业季活动。

本学年是极其不平凡的一年，由于受疫情的影响，整个学期停课不停学，停课不停成长。玉律学校六年级“蒲公英的梦想”毕业典礼如期举行。本次活动主题是“芬芳，我们勇敢绽放”。为全面提高六年级毕业生的综合素养，激励同学们在初中继续努力学习、积极向上、发挥特长，展现玉律学子的精神风貌。在疫情期间，孩子们居家学习时，六年级的同学们就在老师们的引导下，策划了“我是优秀毕业生”活动。复课后，六年级的“准毕业生们”和老师一起制定了多元综合的评价标准，根据礼仪、学习、服务、体艺和综合素质等方面的表现，确定了五类优秀毕业生名称：全能小美玉、学习之星、礼仪之星、服务之星和体艺之星。“我是优秀毕业生”活动策划会和推进会之后，同学们根据自己的特长和不足，回顾了六年级乃至整个小学生活，悦纳自己，也针对自己的不足制定了今后明确的努力方向，人人争当“优秀毕业生”，激励学生自主健康地成长，凸显活动的育人价值。活动开展分为秋收、冬藏、夏长，结合六年时光，玉律少年终成翩翩美玉，初现光华。六年级的同学们终于迎来了自己的毕业典礼，在典礼上每个孩子都勇敢地绽放自己的光芒。孩子们有的感恩学校的润泽与滋养，有的感恩老师的教诲与呵护，有的感恩成长路上家长的护航。此次活动由六年级同学自己导演、自主拍摄和剪辑，最具有特色是他们制作创意小视频表达对学校领导、老师和家长的感谢与祝福。同时也展望孩子们未来的成长，希望毕业生们青春有梦，逐梦而行，梦系家国。在这特殊的时期开展毕业季活动，对学生来说有不一样的成长与收获。这次活动前期准备充分，以小队的形式开展，孩子们自主思考内容，录制视频和剪辑等。活动促进孩子的多元化成长和进步。提升孩子自主策划能力和小组合作沟通等能力，体现不一样的育人价值。

【教师自评】

（1）毕业季活动内容由文艺汇演提升到班级生活的真实呈现，再到活动与社团融合，最后到学生的自主成长。每年活动方式都有优化和提升，每年的活动育人价值都有所体现和进步。学生参加率逐年递升，从开始只有少数有艺术特长的学生参加到扎根日常校园生活，重心下移到班级建设中去，再到小队的成长，在全纳型班级建设的前提下开展活动，活动自主权逐年下放，充分体现学生的立场。学生是策划者也是参与者与评价者。活动筹备安排由毕业前一个月组织排练提升到扎根日常分期开展，活动体现长程性。由文艺汇演到班级真生活呈现再到学科融合，体现学生真生活、真成长。

（2）在这几年毕业季活动中育人价值目标有所体现，但是缺乏活动育人价值的长程规划。轰轰烈烈的活动后，留给孩子们的只有活动中美好的回忆，缺乏活动育人价值的深度开发；活动与学科之间的综合融通还不够，毕业季活动如何更好体现活动育人，育人价值如何做到最大化。这些都是我们在以后开展毕业季活动时值得思考的问题。

系列活动重建回顾

【成效体现】

其一，创生发展的实践能力方面的成长。在班级活动中，学生的创造力和想象力发挥出来，他们结合自己班级文化的特点和自身经验，策划除了独一无二、前所未有的班级活动，如优秀毕业生、评选大会、融资大会和毕业音乐会等活动。

其二，动态生成的思维能力方面的成长。活动的有效开展就是思维火花的碰撞，需要集思广益。在策划活动时，培养了学生的系统构建思维能力；活动过程中面对不同的实际情况，锻炼了学生的动态调整开放思维能力；在活动结束后，形成了良好的总结思维能力。

其三，研究规划的发展能力方面的成长。六年的班队活动实践，使学生不断地积累经验，不断完善基本能力，不断开发研究规划能力，这也让他们在面对即将到来的初中生活时充满信心，对未来学习生活的规划更加清晰。

【理性思考】

六年级是班级的小主人。在班级建设中，离不开系统的规划、良好的管理和有效的组织，而六年级的学生完全具备这些能力，班级就是他们发挥自身能力的主场，只有把主场还给主人，活动的开展才能更加游刃有余，通过活动的呈现也使他们获得真正的成长体验。

六年级是学校的小当家。通过六年学习生活经验的积累，他们不仅能在班级生活中崭露头角，也能在校园生活中发挥自己的光和热，为学校的发展贡献自己的力量，在班级文化建设、班级活动组织中也更能让学生获得自身的生命成长，成为学校的小当家。

六年级是未来的创造者。六年级是小学生涯的一个重要节点，是生命的一条“成长分割线”，同时也是知识储备的积淀期，个性和人格初步的养成期，该年级段的学生具有独特的生命质感，对未来充满了个性的想象与期待，他们必将是未来优秀的创造者。

后 记

书稿在还没有成书之前，它只是一群人用心投入的实践，是孩子们热情生长的力量体现。

2014 年 9 月，本书编写组所在的玉律学校正式加入华东师范大学“新基础教育”实验项目。华东师范大学“生命·实践”教育学研究院的李家成教授几年来持续地帮助我们在学生工作领域开展学校活动重建、班级日常生活重建等方面进行实践研究，引领我们不断创新、成长。我们从开始关注“成长需要、重心下移、系统构建、前移后序、互动生成”，经历了学习的迷茫期、实践的突破期、积累的成长期和成果的转化期。在这个过程中，我们有了不断重建的学生综合实践活动“校园四季”，有了基于小学阶段六年阶梯成长的“快乐活动”，更有了班主任的“研修生活四季”等活动，我们更看到了在学校活动重建变革中师生的共生发展，学生的综合能力、思维品质在明显提升，班级的日常生活在不断丰富，班主任的学习力、构建力、综合融通能力等也在稳步发展，学校的学生工作建设机制在实践中形成，在重建中完善，在运行中转化为新的生活方式，在一天又一天的成长喜悦与深刻回顾中，坚定持续研究发展的决心。

作为一本反映小学生学校生活重建经验的著作，我们的实践积累与理论形成主要来源于叶澜教授主持的“新基础教育”研究。基于学生的成长特点以及成长需要，我们开展了七年的实践研究，梳理出小学生纵向的六年阶梯成长节点活动，以及横向的年年流转的四季系列活动。立足于学生立场，重心下移到每个班级的日常生活，以班主任为班级领导者，带领科任老师、学生和家长进行班级生活的系统构建，让每一个普通的班级在日常生活中都充满生机与活力，充满信心与期待。

我们要衷心感谢华东师范大学李家成教授对我们实践过程的悉心指导和对我们实践经验梳理总结的鼓励与帮助；感谢深圳市光明区玉律学校王婷校长对“新基础教育”理念指导下的学校整体转型变革的全面领导，以及对学生工作的重视和支持，他们为此书出版提供了重要保障；同时也要感谢原深圳市光明区“新基础教育”研究所谢德华主任，以及“新基础教育”共生体学校的老师们，他们为玉律学校学生工作的实践研究提供了大量的指导意见。

玉律学校六个年级的学生活动，分别呈现在本书的六个章节二十五个案例中，除了文中标注的案例作者，刘丹妮、陈志燕、曾静媚、常月梅、凌峰、邓玉玲、许恋等几位老师还负责了每一章节的前言和后续的撰写。本书凝聚了玉律学校全体班主任老师和学生工作团队的教育初心与智慧，倾注了大家的心血与汗水，充分地体现了教育工作的成长与创新。十分感谢天津大学出版社在本书出版过程中给予的帮助。虽然此书还很稚嫩，仍有很大的提升空间，但这也促使我们及时梳理发展状态，并且在今后的持续研究实践中，获得新的成长。

张静慧

2021 年 4 月 13 日